近江 湖西の山を歩く

野坂岳
芦谷岳
庄部谷山
岩籠山 口無谷
乗鞍岳 菩提谷
乗鞍岳 南東尾根
赤坂山 三国山
三国山 ウツロ谷
粟柄越
大谷山 南尾根
近江坂
大[illegible]山 ノロ尾
大日
三十三間山
百瀬川
滝谷山
三重岳 南尾根
三重岳 南東尾根
武奈ヶ岳
二の谷山
小原峠〜693m〜横谷峠
駒ヶ岳 明神谷道
駒ヶ岳 池原山
木地山〜825m 765m
木地山峠
百里ヶ岳
根来坂
クチクボ峠 三国峠 野田畑峠
三国峠
818m
三国岳
経ヶ岳 イチゴ谷山
地蔵谷峰
正座峰
東山 雲洞谷山
白倉岳
深坂越
東ヶ谷山
大峰
東山
仲仙寺山

草川啓三

Kusagawa Keizo

ナカニシヤ出版

三重岳ブナ林の春

三国山ウツロ谷の夏

もくじ

山門湿原の秋

雪の保谷林道

湖西の山から

湖西の山々へと向かう湖岸道路から、毎週のように朝夕の琵琶湖の表情を眺めてきた。三上山の付近から昇り始める日の出、琵琶湖大橋からの比良山系の大観、雲の割れた隙間から湖上に落とす光のスポット。比叡の山々に沈む夕景の色あい。一日として同じ表情はなく、近江（淡海）の美しさを思い知ったし、遠く離れた山上から霞む琵琶湖を見て、また淡海（近江）の地名を改めて思い浮かべた。

滋賀県、近江の地は中央部に琵琶湖があって、その周りを山々が取り囲み、琵琶湖を中心にして、湖北、湖東、湖南、湖西と大きな区分けがなされている。

湖西という地名は、琵琶湖を中心にしてその西側一帯を指す名称で、大津市の北部から滋賀県高島郡の湖岸近辺の地域を指しており、湖西を代表する山といえば、比良山系ということになる。しかし比良の山々は登山の山として古くから親しまれ、先人の優れた案内書も多く出版されているので、本書では比良を省いた地域としている。

ここでの湖西の山は、単純に琵琶湖の西で、比良山系を除いた滋賀県の山とそこにつながる福井県、京都府を含めた山々ということになる。これを湖西とするにはあまりに広すぎる設定であり、福井県や京都府の山にまで、湖西に含めるには無理があるが、湖西という地名のこだわりは、あえていうなら、母なる湖・琵琶湖への愛情ということになるのだろうか。

湖西と繋がる若狭（福井県）の山々は、文字どおり背中合わせにある。この山域にいくつもの峠道が通じ、遠い昔からの歴史や文化を包含した限りない奥行きを感じて、このひとつながりの山々へと分け入って行った。それがここでいう、湖西の山々ということを、ご理解いただきたい。

数年前からこの湖西の山の西側に接する、芦生の山へと足繁く通っていたが、この芦生の山続きの朽木奥山、野坂山地へと足を伸ばしていったのは、ごく自然の成り行きであった。芦生の森ほどの自然景観のまとまりはないものの、ブナやトチを中心とした樹林が残されているところも多く、山歩きの魅力を存分に与えてくれる山々であった。ブナだけでいうなら、芦生の森より大きな木々が残されている山も多かった。こうした点がこの山々に惹かれた一番の理由となるのだろうが、もともと断続的に歩き続けてきた地域であり、この山域の、いつ、どこを歩いていても心落ち着く山々であった。このことも私の頭の中にある、ひとつながりの山という表現に、結びついているように思う。

それともうひとつ、この地域の山への行き帰りは必ず、琵琶湖がそばにあるということである。

琵琶湖周辺の山を歩いていつも思うことだが、これほど美しい地が他にあるだろうか。京都から滋賀に移り住み、もう京都で生活してきた年数とほぼ同じくらいの月日が過ぎ去った。近江は第二の故郷ともいえるようになったが、そうした感情を抜きにしても、琵琶湖を包み込む山々に限りない美しさを感じている。

①

②

①三重岳のシャクナゲ
②大日　霧のブナ林
③池ノ河内越付近
④大御影山　雪のノロ尾を行く

③

④

近江 湖西の山を歩く

N
つるが
敦賀
27
北陸自動車道
あわの
にしつるが
小浜線
市橋
8
疋田
しんひきだ
野坂岳
岩籠山
追分
深坂越
耳川
黒河川
駄口
五位川
三方ヶ岳
芦谷岳
口無谷
北陸本線
庄部谷山
山中
乗鞍岳
菩提谷
東ヶ谷山
日計山
とむら
三国山
山門
塩津
おうみしおつ
三国山
ウツロ谷
乗鞍岳
南東尾根
岩熊
赤坂山
大日
寺久保
白谷
大浦川
粟柄越
近江坂
161
能登野
大谷山
マキノ
ながはら
小山
八田部
大御影山
野口
三十三間山
大浦
27
仲仙寺山
湖西線
石庭
天増川
三重岳
知内川
菅浦
片山
三重岳
南東尾根
三重岳
南尾根
海津
東山
大峰
滝谷山
マキノ
増川
百瀬川
武奈ヶ岳
知内
新保
海津大崎
荒谷山
おうみなかしょう
河内
303
石田川
中庄
箱館山
日置
二の谷山
今津
161
おうみいまづ
琵琶湖
湖西線
367
しんあさひ

近江 湖西の山を歩く

山岳位置図

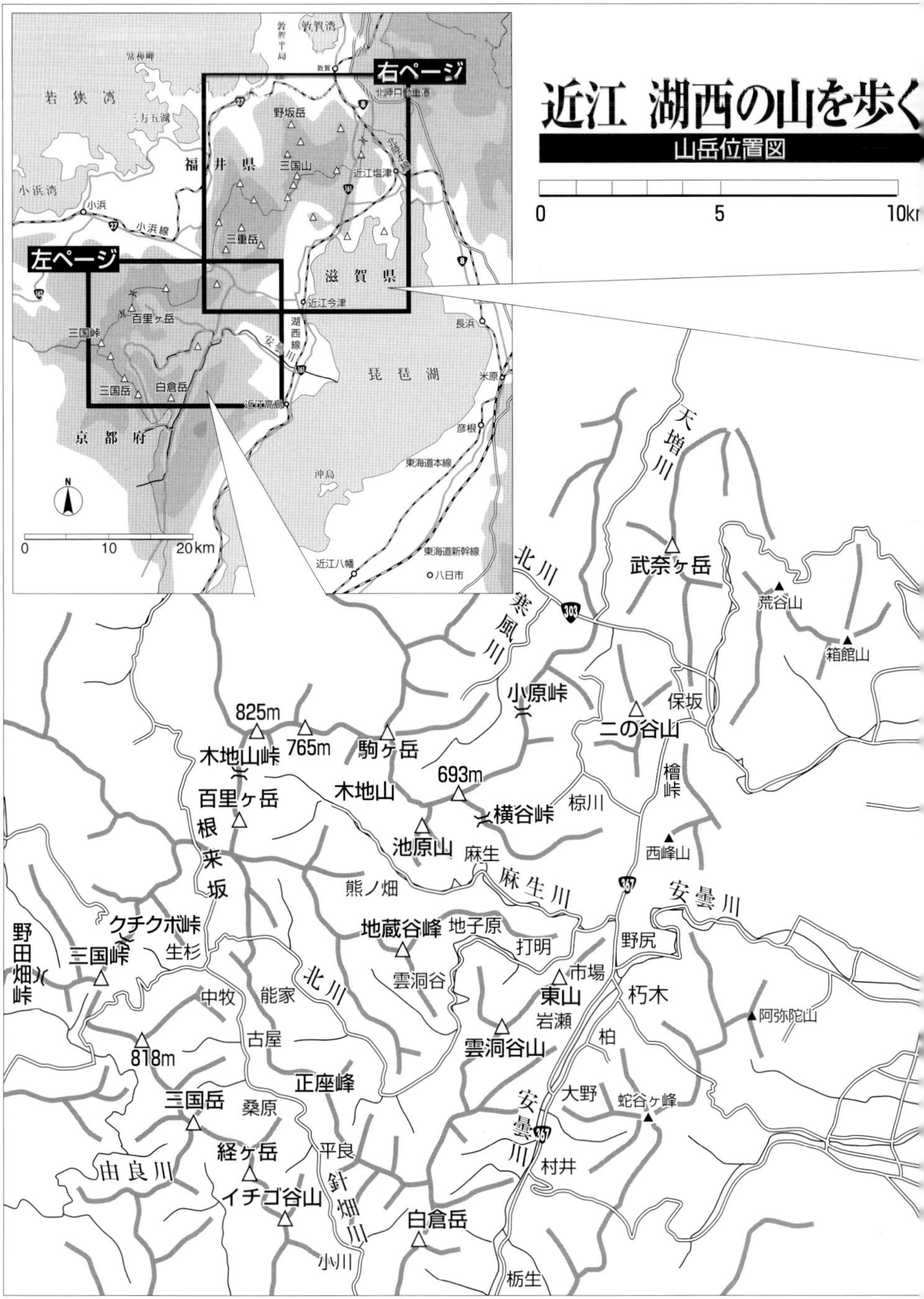

野坂岳《のさかだけ》

△九一三・五m
MAP　敦賀・駄口

コースタイム●野坂いこいの森（25分）トチの木地蔵（30分）一の岳（50分）野坂岳

写真
1　二体の石仏が並ぶトチの木地蔵。流れの側にあって良い休憩場所となっている。
2　頂上小屋には祠が安置されかなり広い。抜群の眺望が広がる頂上。
3　三の岳のブナ林。溶けて落ちだした霧氷がきらめいていた

1

2

滋賀県北西部に連なる山塊の盟主

野坂岳を湖西の山に含めてしまうのは無理がある。しかし、無理を承知でどうしても入れておきたい山である。

　というのも湖西北部の国道三〇三号線から北に広がる山々は野坂山地と呼ばれ、滋賀県の北部に連なる山塊の盟主であり、その起点となる山だから、というのがその理由である。

　野坂岳は富士山型の美しい山で、敦賀のシンボル的な存在となっており、その麓は野坂いこいの森として整備され、多くの市民に親しまれている。また、関西の山好きなら誰でもが知っている山だし、一度は登っているという人も多いことだろう。私も三十年近く前になるだろうか、いこいの森からのこのコースを冬に登っている。スキーで登って山頂でビバークし、翌日、三国山、赤坂山からマキノスキー場まで縦走したのだが、野坂岳の敦賀からの登りは、もうほとんど記憶に残っていなかった。ただ、野坂岳から三国山までの間の大きなブナが並ぶ林だけが印象に残っていた。

　野坂岳にはいこいの森からの一般コースの他に、北

3

側を横断している送電線の巡視路を使っての、黒河《くろこ》川の山集落からの道、西側の横谷川からの道などがあり、私は横谷川からも一度登っている。また、小浜山の会から出版された『若狭の山』には、井ノ口林道からのコースも書かれている。

いこいの森から歩く

もうほとんど記憶にない、いこいの森からの一般コースを、もう一度冬に歩いた。

いこいの森の駐車場は、野坂岳登山の人たちの車がずらりと並んでいた。登山道は公園の松林の中に、谷の流れに沿って急な登りが続いている。少し登ったところで流れを渡ると雪が続くようになり、もう下りてくる人と出会って驚かされた。さすがに街中の背後にある山だ。相当朝早くから登っていた人だろう。それも一人だけではなく何人もの人とすれ違った。

トチの木地蔵でもう一度流れを渡ると、尾根に取り付いて谷から離れる。トチの木地蔵は二体の石仏で、流れの横に祀られている。いよいよ本格的な登りにかかるという絶妙な場所にあり、雰囲気のあるところだ。登りではここで休むのは少し早いが、下ってくれば水場でもあり、一服したくなるようなところであろう。

流れを左に渡って大きく切り返しながら登ると、やがて明瞭な尾根に乗り、尾根の斜面を巻きながら登った。一の岳あたりは伐採され大きな展望が広がってくる。敦賀の街、海、そしてまだらに白い周りの茶褐色の山の上に、真っ白な山が覗いていた。一瞬、どこの山だろうかと思ったが、すぐに分かった。白山だった。三角形の別山を従えて、柔らかな白い山が浮かんでいた。

雪を分けた道はところどころで夏道と離れて、真っ直ぐに尾根を登っていた。斜面は伐採されてはいるが、ぽつぽつとブナが目につくようになってきた。二の岳を過ぎやがてブナの美しい林に入る。ブナ林の間からは市街地が見え、海が広がっている。〝街並みと海を望むブナの山〟、なかなかいいキャッチフレーズではないか。

三の岳まで登るともうすぐ上に頂上の小屋の屋根が見えている。並んでいる大きなブナからは、昇った陽光によって融けだし、はがれ落ちる霧氷が、音をたてばらばらと落ちてきていた。きらきらと無数のきらめきが舞い落ちる中を登って行った。

頂上は無類の眺望が望める

頂上は大きな木々はなく、雪の原が広がっており無類の眺望が望めた。敦賀の街から若狭湾、三方五湖、目を転じれば琵琶湖が光り比良山系がかすんでいた。ずっと昔歩いた三国山までの稜線も目で追ってみたが、ほとんど伐採もされていないようだった。そしてさらに遠い山々が幾重にも連なり、ひときわ白山の白さが目についた。快晴の今日はほとんど風もなく、じっと眺めていてもあまり寒さは感じなかった。

ゆっくりと昼を食べたくて小屋に入った。立派な小屋で、奥には祠が祀られている。石油ストーブが置かれ、マットも何枚か丸めてあった。十人以上は泊まれる広さがある。ここに泊まる人たちも多いのだろう。

ここ数週間、毎週ラッセルを繰り返しての山行きだったので今日は楽だ。しっかりと踏まれた雪道を、時間に追われることなくゆっくりと下った。

登山メモ

●野坂岳には粟野のいこいの森コースの他、南側を横断する送電線の巡視路を使う道がある。巡視路は黒河川の山集落からと、耳川の新庄から入る横谷川からの道がある。いこいの森登山道がメインのコースで、雪の季節でも多くの登山者があり、敦賀の山として親しまれ、手軽に楽しめるコースとなっている。登山口には広い駐車場もある。横谷川からの巡視路は整備はされているが、クサリや梯子、吊り橋などのかかる険しい道で、山慣れない人には時間がかかる道。

●山頂付近は草地で大きな眺望が広がっている。山頂には祠を祀った小屋があり、十人程度泊まれる。

尾根道が続くようになる一の岳付近。

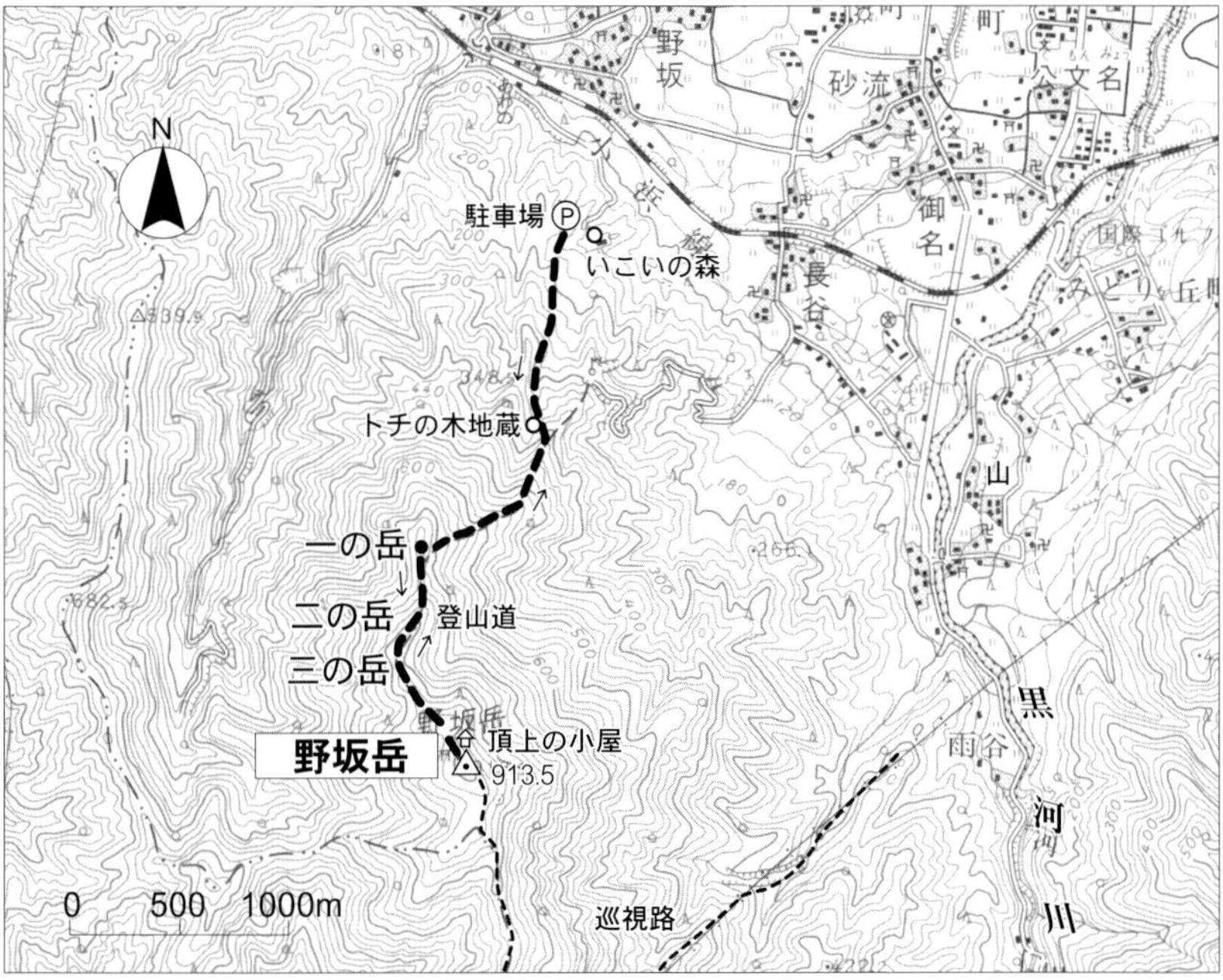

芦谷岳《あしたにだけ》

・八六六m
MAP　三方・駄口

コースタイム●横谷川林道終点（1時間）尾根取り付き点（1時間45分）芦谷岳（50分）稜線巡視路下り口（1時間30分）横谷川林道終点

写真
1　横谷川沿いの道は険しいが、巡視路となっているので、よく整備されていた。
2　芦谷岳へと登りに使った尾根は、少し藪がうるさいが、ブナの大樹が美しかった。
3　横谷川から芦谷岳への尾根。小さな池の横にはドシンと一本のブナが立っていた。

1

2

静かな山、芦谷岳

芦谷岳は野坂岳から南に続いている稜線上にあり、八五〇メートルほどのピークを三つ連ねている。地形図には芦谷岳という山名の記載もなく、この三つピークを連ねた全体を指すのか、あるいはこれらのピークのどれか一つを指すのかは分からないので、ここでは一番高いピークの八六六メートル峰を芦谷岳とした。野坂岳とのコルには送電線が横断しており、北へ野坂岳へは登山道があるのだが、南へはうすい踏み跡がある程度で、歩く人も少なく、芦谷岳の名もあまり知られていないようだ。

この野坂から延びる山稜は、芦谷岳の南、折戸谷のコルで標高五〇〇メートル近くまで大きく落ち込んでいるので、三国山、赤坂山の山塊をいっそう大きく見せている。一方に聳える芦谷岳も、高さではそんなに変わらないのだが、三国、赤坂のような頂上稜線の広がりをもっていないため、地味な存在となっている。三角点がないことも見逃されている原因のひとつとなるのだろうか。

3

横谷川から登る

この山へは以前に二度登っており、ブナ林の続く山稜だったことだけが、頭の中に焼き付いている。一度は野坂岳からマキノスキー場までのスキー縦走、もう一度はこの山東面の、黒河川支流北芦谷、南芦谷が環状をなす乗っ越し付近にある湿地から登っている。

自然林が比較的豊富なこの地域の山々だが、やはり頭にこびりついている、山稜のブナ林をもう一度見てみたかった。それともうひとつ、横谷川という深く険しい谷も気になる地であった。

横谷川も実は一度歩いている。しかし、ここでカメラを水浸けにしてオシャカにしたというくらいで、あまり印象には残っていなかったのだが、あらためてこの周辺を歩いたり、地形図を眺めたりしていると、横谷川というのは、強く惹きつける何かがあるように思った。庄部《しょうぶ》谷山《だにやま》から眺めていても、芦谷岳山稜のブナの列と、深く切れ込んだ横谷川斜面の自然林の広がりが目に付き、誘い込まれるように一週間の後に横谷川へと車を走らせていた。

鉄塔巡視の道

林道の終点にはトラックが一台停まっていた。どうやら鉄塔工事の人たちの車のようで、登る用意をしていると、もう一台工事関係の人の車が上がってきた。

林道終点は横谷川が大きく二つに分かれている二俣で、ここから地形は険しくなる。谷を進むにつれて切れ込みが深くなってくると、アルミの橋、吊り橋、クサリ、ハシゴなどで整備され、鉄塔巡視の道がしっかりと確保されていた。上流に幾つかの炭焼き窯の跡があったので、昔から炭焼きの人たちによって利用されていたルートを、改良して巡視路として利用しているのでろう。それにしても巡視路にしては珍しく険しいルートとなっている。

芦谷岳へのルートに予定しているのは、三峰の南のピークへと登る尾根で、右に左にと続けて支流が分かれるところで、しばらく巡視路があるはずだ。左からの支流の合流点には一本のカツラがあり、この先にたばこマークの表示板があった。ところが道が分からず、仕方なく適当なところから取り付くと、少し登ったところで巡視路と出合った。どこから登ってきているのだろうと不思議に思っていたのだが、下山の時に表示板の先を見ると、何と巡視路がある。どこを見て歩いていたのだろうか。

ブナの巨樹が並ぶ

鉄塔まで登ると一気に横谷川の源流の山々が開け気持ちが良かった。尾根には隣の鉄塔へと繋がる道が上へと少し続いていたが、それも標高四八〇メートルあたりで下って行った。ここからは道はない。藪も薄く比較的歩きやすいが、常緑の低木が生え込み、もう少しすっきりとした尾根だと思っていたのだが、期待はずれだった。しかし五六二・四メートルの三角点を過ぎるといったんゆるやかになり、ブナの巨樹が並ぶようになり、ゆるやかなコルには小さく水を溜める池があって、見事な林が広がっていた。

標高六〇〇メートルあたりから再び急登が稜線まで続くようになる。これが長く、きつかった。若狭側は取り付き点が低いので、登りは近江側より厳しくなる。藪漕ぎというほどでもないが、下生えも少し生え込んでおり、苦しみながら何とか標高差五〇〇メートルを登り切ると、なだらかに続く芦谷岳の南峰に出た。稜線もブナ林が続いているが、笹も生え込み思ったほどすっきりとしていなかった。

昼のあと南へと歩き、庄部谷山へと繋ぐ尾根へと入ってみたが、ここも下生えが多く、すっきりとした展望も望めそうにないので北へと進み、野坂岳とのコルにある巡視路を下ることにした。

芦谷岳は隣の庄部谷山と同じく、何の山名標示もなくすっきりとし、三角点もないだけに何の感慨もなく通り過ぎ先を急いだ。尾根はかすかな踏み跡もところどころにあって分かりやすく、三峰の北峰からの下りが注意がいるくらいだった。

コルからは巡視路があるので安心していたが、この下りは長かった。谷の険しい部分を通過するころはもう日没寸前で、二〇分ほど遅くなれば真っ暗になり危ないところだった。

登山メモ

●どこから取り付いても頂上まで登山道のない静かな山。三つのピークが並び、黒河側は植林されたところが多く、横谷川側は尾根はブナ林が中心で落ち着いていて歩きやすいが、所々で藪がかぶる。

●最も近づきやすいのは、野坂岳直下を横断している送電線鉄塔の巡視路で、横谷川、黒河川の両側から入れる。

●横谷川林道は堰堤のある大きな二俣まで入っている。終点は自動車が三、四台駐車できる。谷道は険しいが巡視路なので、橋やハシゴ、クサリが付けられている。以前は流れを渡るところがあったが、現在はよく整備されて登山靴で歩ける。

●芦谷岳の稜線は道はないが、ブナ林なので歩きやすい。単純な分かりやすい尾根だが、三峰の北峰を北へと下る場合、尾根筋がつかみにくい。

庄《しょう》部《ぶ》谷《だに》山《やま》

△八五六・一m
MAP　三方・駄口

コースタイム●黒谷林道（30分）二俣（15分）右俣巡視路登り口（1時間40分）庄部谷山（1時間30分）795m（1時間20分）黒谷林道

写真
1　ブナの紅葉と青空、庄部谷山は静寂に包まれていた。
2　紅葉の樹林の尾根は、赤布や目印がほとんど見あたらず清々しかった。
3　黒谷右俣の巡視路登り口。雑木林は紅葉に染まっていた。

1

2

登山道のない山

野坂岳から三国山、大谷山へと南北に連なる尾根の途中から、西に派生する大きな支稜が延びている。その支稜は耳川本流の源流部と耳川支流の横谷川に南北を区切られ、標高八〇〇メートルあまりのピークを連ねている。幾つかのピークのうち八五六・一メートルの三角点を持つピークが庄部谷山と呼ばれており、四方に広く尾根を張り出している。主稜上の山より根張りが大きくて魅力があるが、登山の山としてはあまり知られていない。

登山ルートとした南面は一度伐採された二次林のようだが、広く自然林に覆われている。北面の横谷川側はコンターの詰まった険しい谷が詰め上がっているので、ほとんどは南面から登られている。しかし横谷川はその険しさのためか、美しい樹林の広がる素晴らしい林を残している。

野坂山地主稜の山々と比較しても、標高では庄部谷山はわずかに低いだけなのに、山全体が樹林に包まれた地味な印象からか、いまだに登山道もない。爽やかな草原の山稜や大きな滝など、目立ったものの何一つ

3

ない静かな山である。山名の標示板も目印の赤布やテープの類もほとんど見られない、最近では珍しい清々しい山だ。

庄部谷山は二十年ほど前一度登っている。もうどこを登ったのかほとんど忘れてしまったが、その時と変わったという印象もあまりなく、静かなままだったのがうれしかった。ただ、二本の送電線が尾根の端を横断しているので、巡視路から鉄塔まで登ってしまえば道がないといっても、そんなに難しい山ではない。また、二万五千図には出ていないが、南東に延びた尾根上の七九五《メートル》ピークの近くまで林道が延びている。私たちはこの林道へと出て下山路としたが、展望がよく開けており、庄部谷山南面を把握するには絶好のコースだといえる。

黒谷の林道から入る

この山域はすぐ近くの新庄の嶺南変電所から、送電線が四方八方に広がっているので、どこの山に登ってもほとんど送電線をくぐることになる。東西に流れる耳川源流の北面は、庄部谷山から延びた尾根から水を集めており、ここにも耳川の本流と並行して送電線が走っている。もちろん送電線には鉄塔への巡視路があるので、庄部谷山のような藪山にとっては力強い味方となってくれる。私たちも庄部谷山から南に松屋に至っている尾根の東側を区切る黒谷の林道から入った。

二万五千図上で林道がヘアピンカーブしている手前に車を停めて歩き始めた。しかし、実際はこのヘアピンを過ぎたところで、林道は右に分かれて延びている。ここでどちらから行くか迷ったが、左の旧林道を進んで、二俣から奥の巡視路に取り付くことにした。結局この右に分かれた林道へと下りてきたのだが、この林道は頂上から南東に延びた尾根の七九五メートル近くまで迫っていた。

林道はしばらくでなくなり、堰堤を越えて谷沿いを少し歩くと二俣に着く。この谷の左俣の両側の尾根のどちらかを考えていたが、右側の頂上から真っ直ぐ南に延びている尾根に決め、右俣に入ってから巡視路に取り付いた。

右俣は美しい谷だった。尾根への取り付き付近も穏やかな流れで、演習林の谷を思わせた。例の関電のたばこの絵の道標がずっとなかったので不思議に思っていたが、やっとここで出合った。この尾根の末端は二俣になり、その両側に鉄塔が建てられているので、巡視路は鉄塔よりも上へU字型に隣の尾根へと続いている。そのU字の底にあたる巡視路から離れる地点が約六九〇メートルだ。

落ちついた樹林の尾根を登る

ここからは道はないが樹林は落ち着いており、気持ちのいい尾根だった。ブナの二次林も広がっているが、細い径のものばかりだった。藪は薄く標高差も距離もないこのコースは、庄部谷山への最良のコースといえるだろう。いったん緩やかな尾根から再び登りになると、尾根に溝状の流れがあって、ちろちろとかすかな水音が響いていた。水源はヌタ場の水溜まりで、鹿の足跡が印されていた。

頂上は三角点以外は何もなく、登ってくる人もない静かな林は気持ちがいい。ここから大きな尾根が南東へと延び、約八五〇メートルピークでV字を描くように野坂主稜へと繋がっている。下山はこの尾根を辿り、約八五〇メートルピーク直下の七九五メートルから南西へと九〇度振るコースを歩いた。

稜線は落ち着いた樹林帯で、木の間からのぞく横谷川斜面の紅葉が美しく、野坂主稜の連なりには大きなブナが並んでいるようで、心が動かされた。

八五〇メートルピークの下りで右に振りすぎ軌道修正して尾根を下ると、七九五メートルで伐採、植林地となる。南西への支尾根は下刈りされて歩きにくいが、三国・赤坂の展望を楽しみながらしばらくの辛抱して下ると、下に林道がのぞいたので、急斜面を強引に林道に下りた。

林道はうねうねと長かったが、庄部谷南面の抜群の眺望が得られ、退屈もせず駐車地に戻った。

登山メモ

●どこからも登山道がなく薮漕ぎとなる。道標も目印もない、最近では珍しい山だが、北側と南側を送電線が横断している。この巡視路を使えば、どちら側からも足がかりとなり取り付き点にはことかかない。

●山頂は三角点の周りが刈り開かれているだけの樹林の中の静かな山。

●南面の黒谷に林道が入っているので、ここからが近づきやすい。北面の横谷川からは尾根も谷も険しいが、伐採を受けているところが少なく、美しい樹林が広がって、ブナの大木が並んでいる。どちら側から登るにせよ、道がない山だけに読図力、体力が要求される。

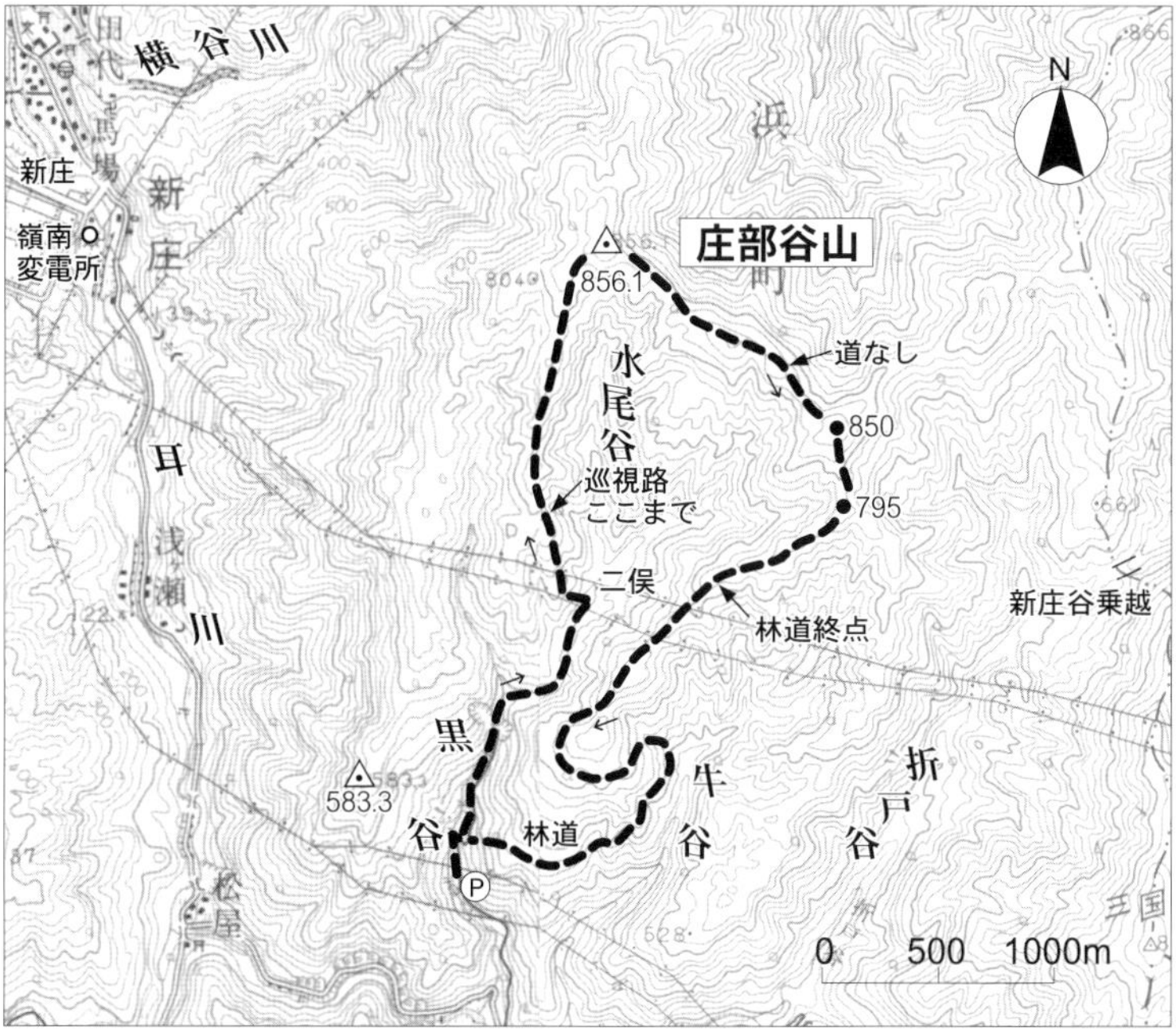

岩籠山《いわごもりやま》　口無谷《くちなしだに》

△七六五・二m
MAP　敦賀・駄口

コースタイム●山集落（50分）口無谷出合（3時間50分）岩籠山西のコル（15分）岩籠山（30分）夕暮山（1時間）北西尾根から山

写真
1　草地の頂上からは雄大な眺望が広がっていた。
2　夕暮山頂上からは敦賀の街が眺められた。
3　雨後の水量豊富な口無谷。この上から滝が始まる。

1

2

草原の山稜と深く明るい谷

岩籠山は敦賀の街の背後に聳え、黒河《くろこ》川を挟んで野坂岳と相対峙している。高さでは野坂に劣るが、ゆったりとした山稜が広がり、いくつものピークを持つ大きな山で、この点では野坂岳と好対照をなしている。

市橋から登山道があって、古くからハイキングコースとして親しまれており、私も山登りを始めて間もない頃、この市橋からの道を登っている。かなり昔のことで登山道についてはほとんど憶えていないが、緩やかな山稜に広がる笹の海に、ポツリと岩が突き出す風景だけが、記憶に残っていた。頂上から東北側の山稜のインディアン平原と呼ばれていたところだが、この大きさ、広さ、爽やかさが岩籠山の魅力となっているのだろう。

最近この周辺の山へ集中して登っているが、この山へ目が行くたびに笹の海に孤島のように立つ花崗岩の岩が目に浮かんだ。もう一度歩いてみようと思っていたが、今度は西面の黒河側を歩いてみたかった。黒河川は花崗岩質の大きな谷で、深く明るい谷と自然林の美しさは周辺の谷では群を抜いている。

3

黒河川は西側に北芦谷、南芦谷の二本が環状に巡り、東側は口無谷、滝ヶ谷、菩提谷の三本の大きな谷が、乗鞍岳から岩籠山を繋ぐ稜線に延び上がっている。中でも二万五千図に四つの滝マークが記入されている口無谷が目を惹く。先に歩いた菩提谷も林道が並行しているものの、落ち着きのある渓相は好感が持てた。

黒河川を基点にして、口無谷から谷を遡り、頂上から北西側の山集落へと延びる尾根道をルートにした。岩籠山といえば市橋からの道ばかり紹介されているが、この尾根にもしっかりとした道が続いている。沢登りとして登った口無谷はかなり時間がかかるので、下山路として有効な道だったし、歩いてみると古くから歩かれている道のようで、典型的な里山の景観を持つ尾根だった。距離的には頂上への最短コースとなるようだが、尾根道の単調なコースで、登山コースとしては市橋からの道が変化があって優れているようだ。

口無谷出合から沢登り

空は台風一過の晴天になりつつあったが、暑くなりそうな朝だった。台風後だけに水量は多く、普段なら何でもないところも深みとなっており、これだけでもかなり時間をくってしまった。黒河本流出合から少し遡ると滝が出てきてゴルジュを形成している。口無谷という名称も、このゴルジュによって下り口がない谷の形状からきているのであろう。最初に出合う滝を左のルンゼ状から巻いて滝上に出ると、ぼろぼろの岩が城塞のように両岸をふさいでいた。次に出合う滝も右から大きく巻いたが、さすがに水量が多く迫力がある。最初のゴルジュを過ぎるとしばらく平凡な流れとなるが、やがてまた幾つもの滝が続くようになる。高巻きも難しくはなく、涼を求めるにはもってこいの谷だったが、今日は水量が多すぎて時間がかかる。

途中で右の斜面がいやに明るいと思ったら、何と林道が通っているではないか。林道に上がってみるとくらくらとするほどの日差しが照りつけ、たまらず流れに戻った。谷は流れ近くまで伐採がせまってきているので、先ほどより暑く感じるようになった。この伐採地の間は谷も平凡で、時間もかかりそうなので林道に逃げ、林道で少し距離をかせいで伐採地が終わるあたりで、また谷に入った。

谷は深く昼食の後少し進んでから、やっと上部の二俣に着いた。ここで左俣に入り頂上と夕暮山のコルを目指す。左俣はナメ状の岩盤に小さな滝が続き快適だ。水量も少し減って随分と歩きやすくなった。それでも左右から流れ落ちる枝谷の水量は多く、稜線への詰めを誤らないように慎重に地図を読んでいく。地図で分岐を確認しながら最後を詰め上がると、見事に目的のコルに飛び出した。今まで沢登りで最後の詰めを誤って思わぬところへ出てしまい、苦労したことも何度かあるが、こんなにぴったりと地図通り歩けると気持ちが良かった。

岩籠山から夕暮山へ

懐かしいインディアン平原を見下ろすところまで歩いてから、頂上に登った。頂上だけは樹林がなく、大きな眺望が開けていたが、今日は暑すぎる。かんかん照りのここでは、あまりゆっくりとする気にならなかった。

登り着いたコルに戻り、反射板のピークへ向かう。道は口無谷側の斜面にあり、大きなブナのある気持ちのいい道だった。市橋の分岐を過ぎて一登りしたところが反射板ピークの夕暮山。ここからは敦賀の街を始めとして、眼下に大きな眺望が開けていた。

下りにとった山集落への道は思ったよりもしっかりとしており、一度伐採された後の雑木林が最後まで続いた。下るにつれ暑さとガクガクとくる膝の我慢比べとなったが、一気に山まで下った。

登山メモ

●山頂付近はいくつかのピークに分かれていて、西側にはインディアン平原と呼ばれた、草原に岩が点在するなだらかな山稜が開けている。三角点ピークは三六〇度の展望が開けている。

●ここでは紹介していないが、八号線の市橋からがメインのコースとなっている。谷沿いの花崗岩の美しいコースで、ほとんどの登山者はこの道を登っている。他に登山道は黒河川の山集落から続いているが、あまり歩かれていないようだった。

●口無谷には林道があり、谷の中ほどで流れと接近している。沢登りとしては難しいコースではなく、林道と出合うまでが滝も多くて楽しめる。山集落を起点として、夕暮山から北西に山集落へと延びる尾根道を下れば、周回コースがとれる。

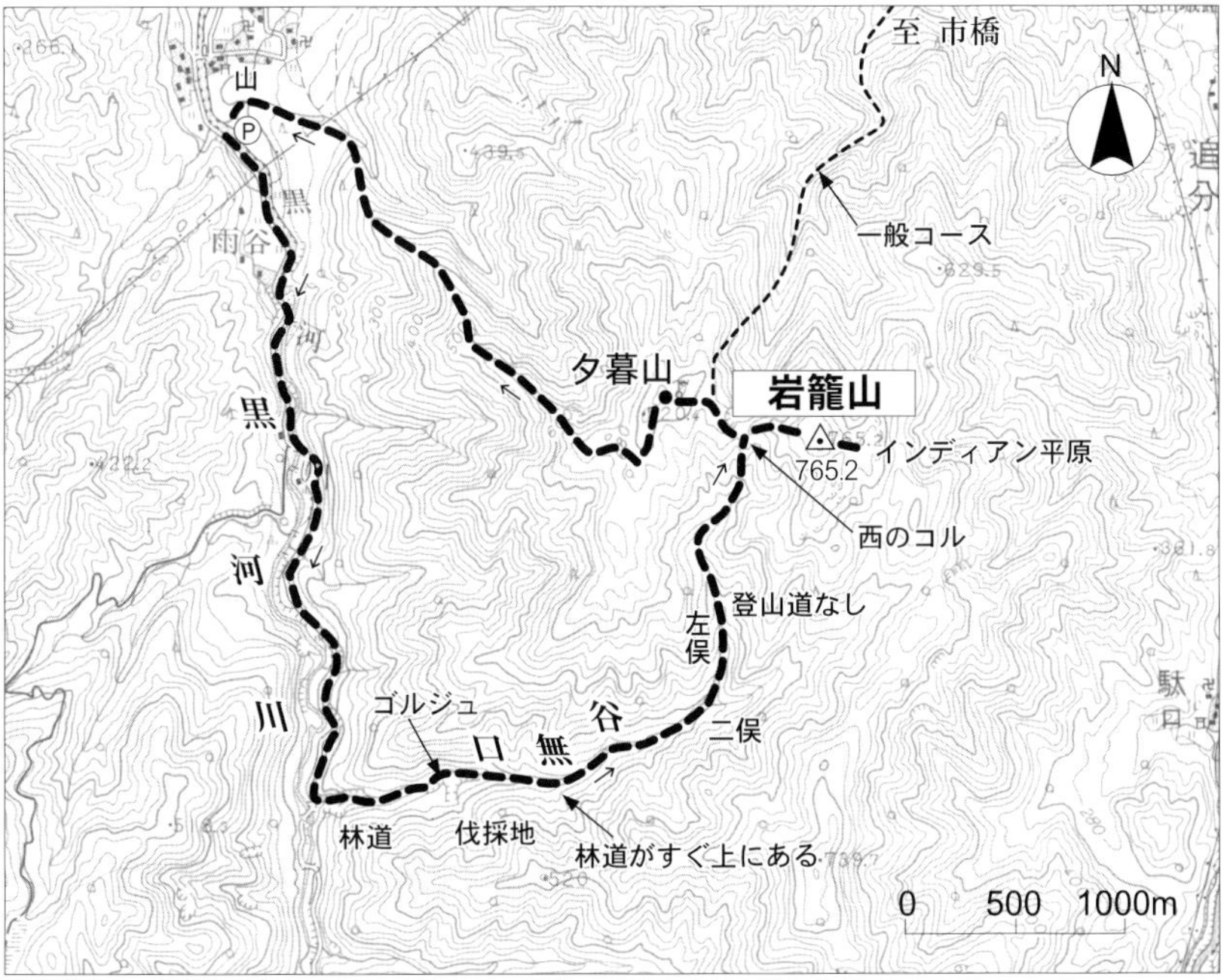

乗鞍岳《のりくらだけ》　菩提谷《ぼだいだに》

△八六五・二m
MAP　駄口

コースタイム●黒河峠（1時間）菩提谷出合（1時間20分）巡視路取り付き（1時間）乗鞍岳（55分）芦原岳（1時間10分）黒河峠

写真
1　菩提谷は長い林道歩きとなるが、谷と緑が美しく退屈せずに歩いた。
2　猿ヶ馬場はブナ林が広がり、その名のとおり猿が遊んでいた。
3　緑の山上には白いヤマボウシが点々と。

1

2

琵琶湖の眺望が素晴らしい山

乗鞍岳滋賀県側の南東方向は、琵琶湖がすぐ下にあり、南側の集落、在原からは頂上まで林道が上がっている。登山道としては頂上の北側を越え、国道一六一号線の山中付近を横断している、送電線の巡視路が使われており、登山者のほとんどはこの巡視路を登っているようだ。

一方、北西面の黒河《くろこ》側は谷が深く、まったく違う姿を見せている。私はずっと昔、この黒河川右岸側の支流の記録を、北山クラブの会報で読んだことがあり、乗鞍岳に突き上げている、菩提谷も行ってみたいと思いつつ何度も地図を見ていながら、今まで歩いたことがなかった。

それと黒河峠付近のブナ林や、昔歩いた野坂岳から三国山への稜線のブナの素晴らしさが記憶に残っており、黒河川流域の山々は気になる存在として、いつも頭にひっかかっていた。

私にとっては残念なことは、こんなにもこの周辺が気になっていながら、送電線の鉄塔建設以前に黒河周辺を歩いておかなかったことである。送電線の鉄塔建

3

設の影響だと思うが、本流から白谷へと峠を抜けて林道が作られたのははもちろん、乗鞍岳北面の菩提谷にも林道が奥深くくいいっているし、ほとんどが植林地となってしまっている。

今の黒河峠付近のブナ林を見ても、車道が入る前の黒河川は美しい谷だったことが想像できる。乗鞍岳から黒河峠に延びる県境尾根を歩いてみると、部分的にブナの大樹も残っており、昔の様子が少しでも偲ばれる。この付近の山では炭焼きもされていただろうから、谷には当然仕事道も通じていたことだろう。そんな道を辿ることができていたらという思いが残されている。

今では、県境の乗鞍頂上から西の県境尾根にしても、菩提谷にしても、送電線の鉄塔の存在があまりに大きすぎ、おまけに頂上にはアンテナやコンクリートの建物が建ち、舗装された道が頂上まで上がっているので、だれもが敬遠する山になって当然だ。また登山道として周回できるような道があればいいが、巡視路にせよ、県境尾根の西尾根にせよ、元へと周回できるコースがとりにくい。隣の三国、赤坂のもてもてぶりと比べても、惹きつけられるものの少ない地味さも、その理由の一つかもしれない。

菩提谷から頂上へ

黒河峠には一台だけ車が停められていた。蝶を採集する人のようで、梢まで届くような長いネットで樹冠を探っているのに出会った。林道は昔のイメージ通りのブナの道で、車道とはいえ朝の山道は気持ちがいい。

菩提谷の出合いまで下るのも長かったが、菩提谷の林道を乗鞍岳直下の巡視路入り口まで歩くのも長かった。この林道は一般車は入れない落ち着いた道で、ここまで二時間二〇分の道のり、でも、一人で歩いていても退屈もせず、谷を眺め、写真を撮りつつ、楽しみながら歩いた。

例の関電の赤い道標の立つ登り口を確認して、もう少し歩くと、乗鞍岳のアンテナが見えてきた。

巡視路に戻り急登の尾根に取り付いた。今を盛りと咲くコアジサイを愛でつつゆっくりと歩いた。急ぐことはない。時々三脚を立てつつわざとペースを落とした。せっかく長い林道を辿って来たのに、一気に登ってしまってはもったいない。

鉄塔に出ると黒河川両岸の山々が広がったが、やはり野坂の姿が美しかった。二本目の鉄塔から山腹を巻く道となったが、ここで人と出会って、乗鞍岳はこちらですかと尋ねられた。どうやら稜線への分岐を見逃したようだ。

少し進んだところに踏み跡と赤布があり、この道に入ってみると稜線に出て、この冬に歩いた見覚えのある風景が広がった。少し歩いたところが頂上だった。三角点の前にコンクリートの小屋があるが、せめて頂上からもう少し離れて建ててほしかったものだ。何とも落ち着きのない頂上である。

ブナ林にはヤマボウシの白い花が

頂上から少し南に下ると二基のアンテナが建つピークに出る。さすがに眺望が素晴らしく、展望を楽しみながらのんびりと歩きたかったのだが、降らないと思っていた雨が降り出し、ピッチをあげることにした。

ところが西へ向かう尾根に入ると、辺りは大きなブナが続くようになり、雨を気にしつつしばしば立ち止まってカメラを向けた。林にはヤマボウシの大きな白い花が目立っていた。

しかし、ブナ林はしばらくの間だけで、やがてまた植林地へと変わってしまった。

稜線は植林地が続き、所々に鉄塔が立っている。鉄塔の下に出ると眺望が広がるが、やはり山の景色としては整備されすぎていて味気なく思って歩いていたが、猿ヶ馬場の山腹を巻く道に入ったとたん、ガラリと雰囲気は変わり、峠まで美しい樹林の道が続いた。何という違いだろうか。この林の中をわずか歩いただけでも、今日一日の山行がぐっと引き締まった気がした。

　ブナの林ではその山名どおり、猿たちが群れをなして騒いでおり、まさに猿の住処《すみか》だった。

登山メモ

●山頂付近はいくつものピークが連なる大きな山。その一峰にアンテナが建設され、在原から車道が上がっている。

●乗鞍岳へは国境スキー場横から巡視路を登る往復コースがよく登られている。最短コースだが、変化がなくあまり面白くない。他に黒河峠からの県境尾根や、在原からの頂上アンテナへの巡視路となっている車道がある。

●黒河峠には駐車スペースがあり、ここに車を置けば頂上から県境の西尾根を下って周回コースがとれるが、長い林道歩きとなる。菩提谷も鉄塔の巡視路まで林道が入っているが、落ち着いた美しい谷。巡視路が県境稜線に上がる手前で右に踏み跡がありこれに入ると頂上に出る。

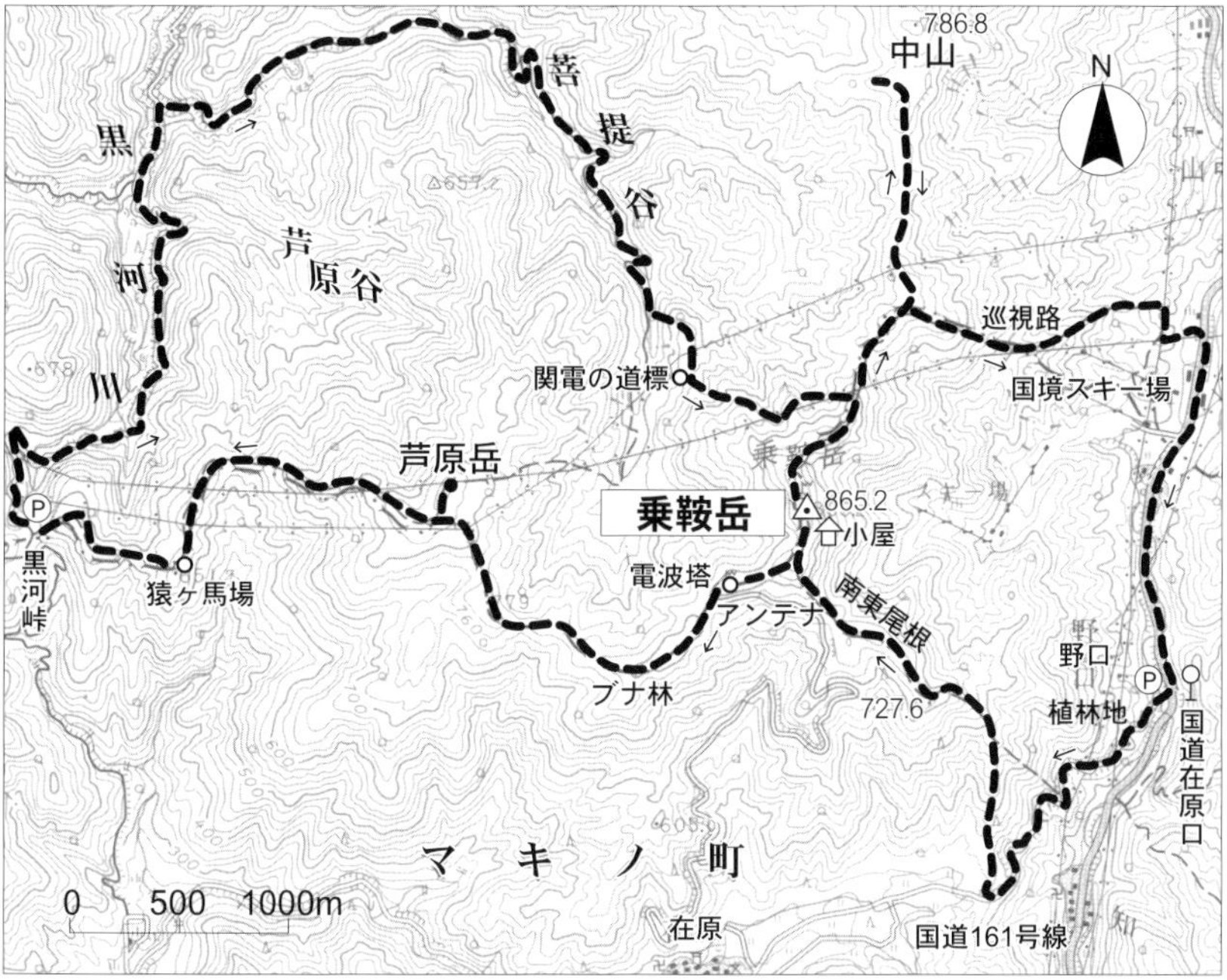

乗鞍岳《のりくらだけ》　南東尾根

△八六五・二m
MAP　駄口

コースタイム●国道在原口（30分）峠～南東尾根（2時間20分）乗鞍岳（1時間30分）786.8m中山直下（1時間20分）国道161号線山中

1

2

写真
1　登りのつらいラッセルも、振り返る琵琶湖の眺望に慰められた。
2　中山へと向かう尾根の途中にあるブナの古木。
3　頂上稜線に近づくとブナ林の雪稜が広がった。

残雪の頃に歩きたい尾根

乗鞍岳。その山容を示す地形を有する山で、北アルプスに同名の名山がある。地形図を見てみると幾つかのピークが並んでおり、その名前らしい姿が想像できる。登山の山としてはあまり人気がないようだが、これは山頂付近に巨大な電波塔が建っているのと、その施設保安用の車道が上がっているためであろう。おまけに北側を二本の送電線が走っており、人工物に包囲されてしまっている。

現在の登山路としては、送電線の巡視路を山中から辿るコースが使われていると思うのだが、それ以前は登山のための道というのはなかったのだろう。私が初めて登ったのも国境からで、その頃にはもうスキー場が開設されており、スキー場のリフトの終点から登っている。無雪期には電波塔への車道を登った。乗鞍岳から尾根を西へ黒河峠まで縦走したのだが、送電線の鉄塔の建設中で、工事が行われている中を歩いた記憶がある。黒河峠まで道が続いていたのも、この工事のために整備されたのだろう。

このように鉄やコンクリートの塊に占拠されている

3

ような山なのだが、それさえなければスケールの大きな素晴らしい山なのに残念だ。伐採、植林されているところも多いのだが、一部ではブナの林が残り、原生の姿をとどめている。北へと延びる尾根には岩籠山があるが、残雪の頃に歩いてみたい尾根である。

野口と在原を結ぶ車道から

積雪期に歩くコースとして地図を見てみると、野口と在原を結ぶ車道から尾根に破線が延びており、これを使うことにした。

前日は終日雪降りだったようだが、今日はもう朝から雲が割れては、時折陽も差し始めてきていた。野口と在原をつなぐ車道は、ゆったりとした登りが続き、在原のすぐ手前で峠となって越えており、この峠から取り付いた。地形図の破線路とは取り付き点が違うが、ここからが一番登りやすかった。

尾根は植林がなされているので、その作業道がずっと続いていた。しかし、道があるといっても雪で倒された灌木が邪魔をして歩きにくい。雪もよくもぐり、最初はツボ足で歩いていたが、すぐにワカンを付けた。

右から予定していた破線路の支尾根と合流し、快適に高度を上げた。みるみる眼下が広がり、竹生島の浮かぶ琵琶湖が光っていた。この眺望がこのコースの目玉だろう、何度も振り返って繰り返し眺めた。

　七二七・六メートルまで登るとかなり楽になったが、風がよく当たるようになった。右上に見えているのが頂上らしく、もうそんなに距離もない。さらに一段上がった七七〇メートルあたりではやっとブナが一部に残され、美しい林を作っていた。木々の間からは湖北の山々が望まれ、横山岳あたりまでは見えているがその奥は雲に包まれていた。

　やがて左側の尾根のすぐ下に車道が近づいてくる。車道にはついさっき歩いたと思われるシュプールが刻まれていた。ここからいよいよ頂上への最後の急な登りだ。一〇〇メートルほど登ると巨大な電波塔のあるなだらかなピークに着くが、三角点はもう一つ先のコルを隔てたピークで、小さな小屋が建っているのが見えた。西に続く尾根にもう一基電波塔があり、そこに二人のスキーヤーが休んでいた。

　頂上稜線はまったくトレースもなく、静かな山だった。頂上からもう一つ先のこぶで昼食にしたが、ここ数週暖かい山が続いていたので、この頂上での昼食はすごく寒く、食べ終えるやたまらず腰を上げた。

頂上から北も魅力ある尾根が続く

　鉄塔の巡視路を下る前に、稜線を北へ中山あたりまで歩いてみることにした。頂上直下の九〇度東へ振る尾根では風が強く吹き、鉄塔尾根への分岐まではところどころ雪庇も出ていた。今日の山では最も冬山を感じさせてくれるところだった。

　分岐から北へと入ると、左の黒河側に自然林が多く、ところどころにブナの大樹も残されている。特に中山直下は尾根が緩やかに広がる気持ちのいい場所で、黒河側のブナの疎林からは野坂岳の美しいピークが見え、三国山へと続く尾根が一望できた。

　分岐へと戻り鉄塔尾根を下った。赤テープがぶら下げてあったが、地形的には分かりにくい尾根で、途中スキー場へと通じる道もあったようだが、トレースされておらず確認できなかった。また、積雪があるので道の確認がしにくく、地形を上から眺め地形図と見定めながら下った。

　しかしルートさえ確認できれば雪道の下りは速く、稜線から国道一六一号線まで五〇分で下りてしまった。巡視路の末端は真っ直ぐ下ると採石場の崖の上へと出てしまうので、その手前で左へと巻くようにして下る道がある。採石場から閑散とした国境スキー場の駐車場に出た。

登山メモ

●冬の場合、国境スキー場横の巡視路を辿るのが一般的だが、ここでは在原と野口を結ぶ車道の途中から南東尾根を登っている。峠から少し在原よりから登っているが、このあたりが取り付きやすい。尾根は植林との境界で、道はないが冬ならば登りやすいルート。

●国境への巡視路を下りに使っているが、トレースがなく天気が悪いと、ルートが分かりにくいので注意したい。南の在原からは車道が頂上まで上がっているので、確実なエスケープルートとなる。

●積雪期では頂上から岩籠山へと続く尾根が魅力的だし、在原から登るなら、西尾根から黒河峠、白谷と周回コースがとれる。黒河林道は冬季は車が入れないので周回するコースは距離が長くなり、ハードになる。

＊「登路図」は二九ページ参照。

アンテナの建つピークから三角点ピークへと向かう。

750mあたりから樹林が開け、ブナが目立った。

赤坂山《あかさかやま》　三国山《みくにやま》

赤坂山△八二三・八m
三国山△八七六・三m
MAP　駄口

コースタイム●マキノスキー場（2時間30分）粟柄越（10分）赤坂山（50分）三国山（50分）黒河峠（1時間15分）白谷
＊無雪期のコースタイム

写真
1　頂上直下の大斜面を滑る。広い雪原が気持ちよい。
2　春には所々にオオバキスミレの群落が見られる。
3　三国山頂上直下のゆったりとした雪稜からは、琵琶湖の眺望が広がっていた。

1

2

湖西の北部で華のある山

地味な山が多い湖西の北部にあって、赤坂山・三国山はこの地域にしては珍しく華のある山である。

もともとマキノスキー場から赤坂山へと登る人は多かった。赤坂山は稜線のほんの小さな出っ張りなのだが、形のいい草原の山で、何よりもまったく木のない山頂からの展望が素晴らしい。多くの人はこの爽やかな山頂に満足して、三国山まで足を伸ばそうという人が少なかったように思う。

ところが近頃は春の花目当てで黒河峠から三国山へと登る人が増えている。黒河峠まで自動車で上れるようになったのも大きく影響しているようだ。

この山へは何度か登っているが、やはりスキーでの登山が忘れがたい。最近では雪もあまり降らなくなり、マキノスキー場へと滑り込むことはほとんどできなくなったが、昔は何度か滑り降りている。

雪の少なくなった最近でも、標高の高い黒河峠までなら十分に楽しめる。特に稜線の北側斜面がいい。もっともこれは上手い人の話で、私のスキーなど、滑っているとは言い難い。それでも樹林の中や、真っ白の

3

広大な雪原と、スキーを滑らせ、歩いているだけでも、快感を感じる。峠から白谷までの長い林道もスキーなら快適だ。

もちろん春は花が愉しめる。数年前の四月、マキノスキー場から登ってみたが、カタクリを始めとして多くの花と出会えた。掘れ込まれたジグザグ道や石畳の昔の道、草木がかぶり埋もれるように佇む峠近くの石仏など、峠道はより快適に歩ける道に徹して造られているが、そこには多くの美が潜んでいた。

春は日を追うごとに刻々と様子を変えてゆく。次々と花は咲き変わり、やがて木々が萌えだし、あっという間に緑に包まれる。花の楽しみもあるが、雑木林は新鮮な緑がまた美しい。赤坂山の笹原から明王の禿の岩場へ出てから少し下り、ウツロ谷源流の雑木林の中に入る。眺望が広がる南北ピークの間のこのたわみの中では、流れを渡り緩やなグリーンの林をさまようように木々を縫って歩く。緑の鮮やかさと地形の対照は、歩くリズムに変化をもたらし、登りの苦しさを忘れさせる絶妙の緩急をつけている。

黒河峠の分岐から尾根を登ると三国山山頂に着く。東側の眺望が開け、峠を隔てて乗鞍岳と対峙する。晴れていれば北アルプスの目の前の山と同じ名前の乗鞍岳まで視界は広がる。

三国山のもう一つの見どころが、分岐の黒河側すぐ下にある湿地だ。ここには湿地性の花があるし、何よりも水が流れているのが気持ちが良く、爽やかな気分にしてくれる。ここから見晴らしのいい尾根をくだり、峠へと下りる。峠の乗鞍側は見事なブナ林を形成しているが、これも楽しみの一つとなっている。

この山は冬に尽きる

春、夏、秋といずれも愉しみの多い山だが、やっぱりこの山は冬に尽きる。とくに黒河林道の登りから見る県境尾根の眺めは、スケールが大きくて見応えがある。林道を切り返しながら登ると、見上げる稜線は草原だけに、その白さがバックの空のブルーにひときわ映え、長い林道歩きもまったく苦にならなかった。野坂山地は滋賀県内でも屈指の多雪地で、峠近くまで登れば無雪期の姿が想像できないほどの雪に覆われる。

峠までのスキーハイキングだけで引き返したことがあったが、充分に楽しめた。ワカンだとこんな気持ちはなかなかわいてこないが、これがスキーの良さだろう。

三国山へと向かった。林道から尾根へと登ると、今度は眼下に琵琶湖を見下ろす大きな眺望が広がった。頂上の直下は真っ白の台地が広がり、頂上には人が見えていた。左の尾根からゆっくりと登って行くと、下には遅れているMさんの姿が小さく動いていた。

頂上には先行の方が二人おられた。着いてすぐ名前を呼ばれて驚いた。何と同じ会のSさんだった。

快晴の雪の頂上にどっかと腰を下ろすと、幾度となく登った頂上なのに、変わらぬ悦びが込み上げてくる。Sさんからは香り高いコーヒーを差し出され、まさに至福のひととき。

さて、かんじんのスキーでの下りだが、重い雪は手強く、何度も雪面にころがりもてあそばれた。この下りでは尾根の北側斜面にコースをとる方が雪がよく、なんとか無事に黒河峠に滑り下りた。

登山メモ

●花と展望と山スキーと多彩な魅力を持つ山で、特に花の季節には人気の山となっている。スキーでは黒河峠から三国山への往復や、マキノスキー場から赤坂・三国へ登り黒河峠へと下るコースがよくとられている。黒河峠からの黒河林道の長い下りもスキーなら快適な滑走となる。

●三国山の東の黒河峠まで自動車で上がれるので、とくに近年登山者が増えた。峠にはトイレも設置されている。黒河林道は滋賀県側が荒れているので、通行止めになることも多く、事前に確認しておきたい。

黒河林道は展望が大きく開け、快適にスキー走らせた。

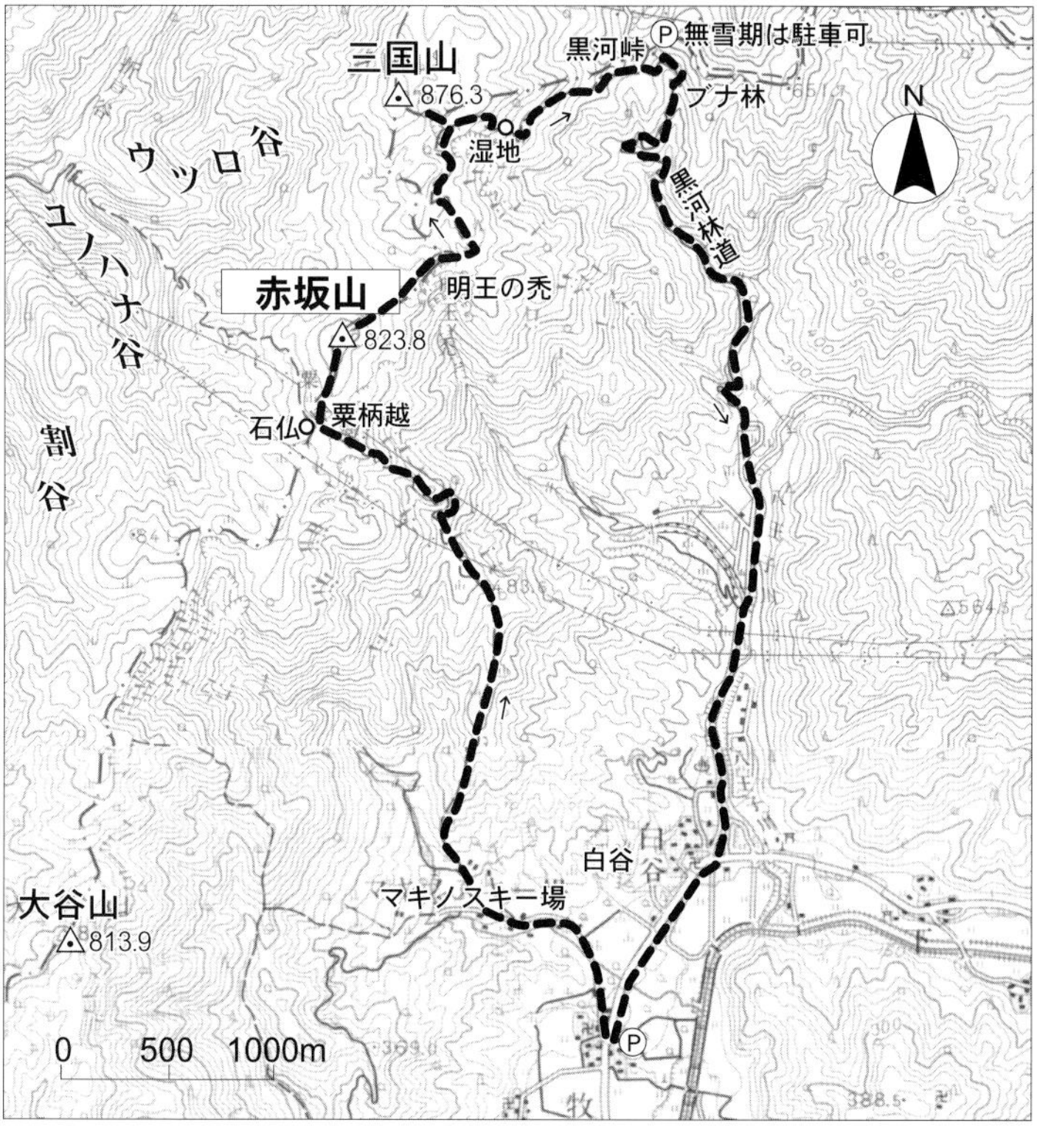

三国山《みくにやま》 ウツロ谷

△八七六・三m
MAP 駄口・三方

コースタイム●折戸林道ウツロ谷出合（2時間10分）二俣（1時間20分）三国山（50分）栗柄越（50分）ウツロ谷出合

写真
1 右に草付のある滝。草付を大きく高巻いた。
2 気持ちのいい滝がいくつも現れる。
3 暗い滝壺に向かって一筋の水を落とす最初の滝。

1

2

花だけでなく地形の変化も魅力

三国山は地味で静かな山という印象があったのだが、最近では花の山として、すっかりメジャーな山になってしまった。私が地味だという印象を受けたのは、以前は登る人も少なかったし、南の赤坂山の笹やススキの草原状の明るい山稜と対照的に、樹林に包まれた目立つところのない山容からだった。どちらかといえば、赤坂山の方が登山のメインとなっていた。

しかし、三国山は花ばかりでなく、多くの魅力を持っており、その良さがあまり評価されていないように思う。まず、頂上周辺の東西の地形の対照と複雑さがあり、それがこの山に奥行きと立体感を与えている。そして明王の禿という岩場まであり、その変化がいっそう楽しませてくれる。

若狭側のウツロ谷を遡行していくと、消え入りそうな小さな流れが奥深くどこまでも続いている。まるで隠し谷のようで、登山道はこの源流を横切ってから尾根に取り付き三国山の頂上へと出る。黒河《くろこ》峠からの登山道も一度湿地状の源流を横切って尾根に取り付くが、こうした地形の変化がこの山の一番の魅力ではな

3

いだろうか。
それと黒河峠付近のブナ林の美しさはこの山の大きな魅力の一つだ。こうしたことは歩いてみればよく分かるのだが、あまりに花ばかりがクローズアップされすぎているのではないだろうか。
西面の若狭側は登山者も少ないが、耳川源流のウツロ谷は、花崗岩の明るい谷に滝やナメが連続し、最近では沢登りの良きゲレンデとなっており、西面から登る人も多くなっている。

ウツロ谷からの沢登り

私自身も若狭側からこの山には登ったことがなかったので、夏のウツロ谷に涼を求めた。

ウツロ谷は粟柄越《あわがらごえ》の登り口のところで折戸谷に合流しているので、しっかりとした下山路も確保されている。粟柄越の若狭側も歩いていなかったので、この二つを同時に片付けようと、夏が来るのを待ちかねていた。

ウツロ谷は空（ウツロ）、涸れ谷という意味だと思っていたが、名前に反して、水の豊富な谷だった。

右岸の道を辿り、堰堤を二つ越えたところで流れに入った。しばらく遡ると岩に囲まれた立派な滝に出合う。ここは手前から左側を大きく高巻いたが、ここで思わぬハプニングが起こった。この高巻き中に相棒のD氏とはぐれ、再会するまで一時間ほどかかるという事態となり、大慌ての一幕となった。

谷はここから滝が続き、花崗岩の明るい谷が、何とも快適だ。圧巻は一〇メートル程の豪快な滝で、右は草付きの斜面が明るく広がっていた。この草付きを登って巻こうと取り付いたのだが、登り始めると意外と悪くかなり上まで登らされた。

以後も次々と滝が連続してあきることがなかったが、二人ともカメラを胸にぶら下げながらなので、水に濡れるところや少しでも悪いと思ったところは、全部高巻いて行く。もし水につかればカメラはおしゃかだ。私はおまけに三脚までザックにぶら下げているので、無理して滝を登るつもりはまったくないのだが、それでも結構楽しめた。

赤坂山の北のコルへと詰める二俣で昼食とした。どうやら滝もここまでのようで、ゆっくりと休んだ。

ほとんどの遡行者は右俣を詰め上がるようだが、私たちは左俣の三国山へと詰める本流を遡った。もうほとんど滝はないものの、花崗岩のナメがずっと続く美しい源流だった。シャワークライミングには縁のない私たちには、こんな流れの方が合っている。最後にピークの右側の登山道に出ようと右の流れを登ると、この小谷は隠し谷のようで、緩やかな流れがどこまでも続いた。二万五千図に見る、県境を越えて延びる緩やかな源流にうまく入ったようだった。

私はこうした源流が広がった複雑な地形が、この三国山の最大の魅力だと思っている。赤坂山から三国山への登山道を歩けば、そんな源流を渡って続いているが、春の季節に歩けば、うっとりとするような緑が美しい道だ。ウツロ谷左俣のこの源流のさまよいは、まさに三国山の魅力の上澄みの中に浸っている思いがした。酒でいえば、さながら大吟醸ということになるのだろうか。

流れが尽きて斜面を登ると、すぐに頂上直下の登山道に出た。もう三国山はすぐ上だった。

下りは念願の粟柄越を下った。峠道は思ったとおり、昔から歩かれてきた道は、歩きやすく美しかった。

登山メモ

●花崗岩の美しい谷で滝も多い。山稜は眺望が広がる気持ちのいい稜線で、粟柄峠道を下山路として使えるので、手軽な沢登りコースとしてよく登られている。二俣で右の赤坂山に登らず、左俣の三国山へと詰める谷もナメが多くて楽しい。

●ウツロ谷のひとつ手前の支流のユノハナ谷も、沢登りのコースとされている。

●マキノにはサラサ温泉、白谷には白谷温泉がある。

赤坂山へのコルへと上がる支谷を分けるとナメが続いた。

明王の禿からは琵琶湖が広がり、爽快な風が吹き抜ける。

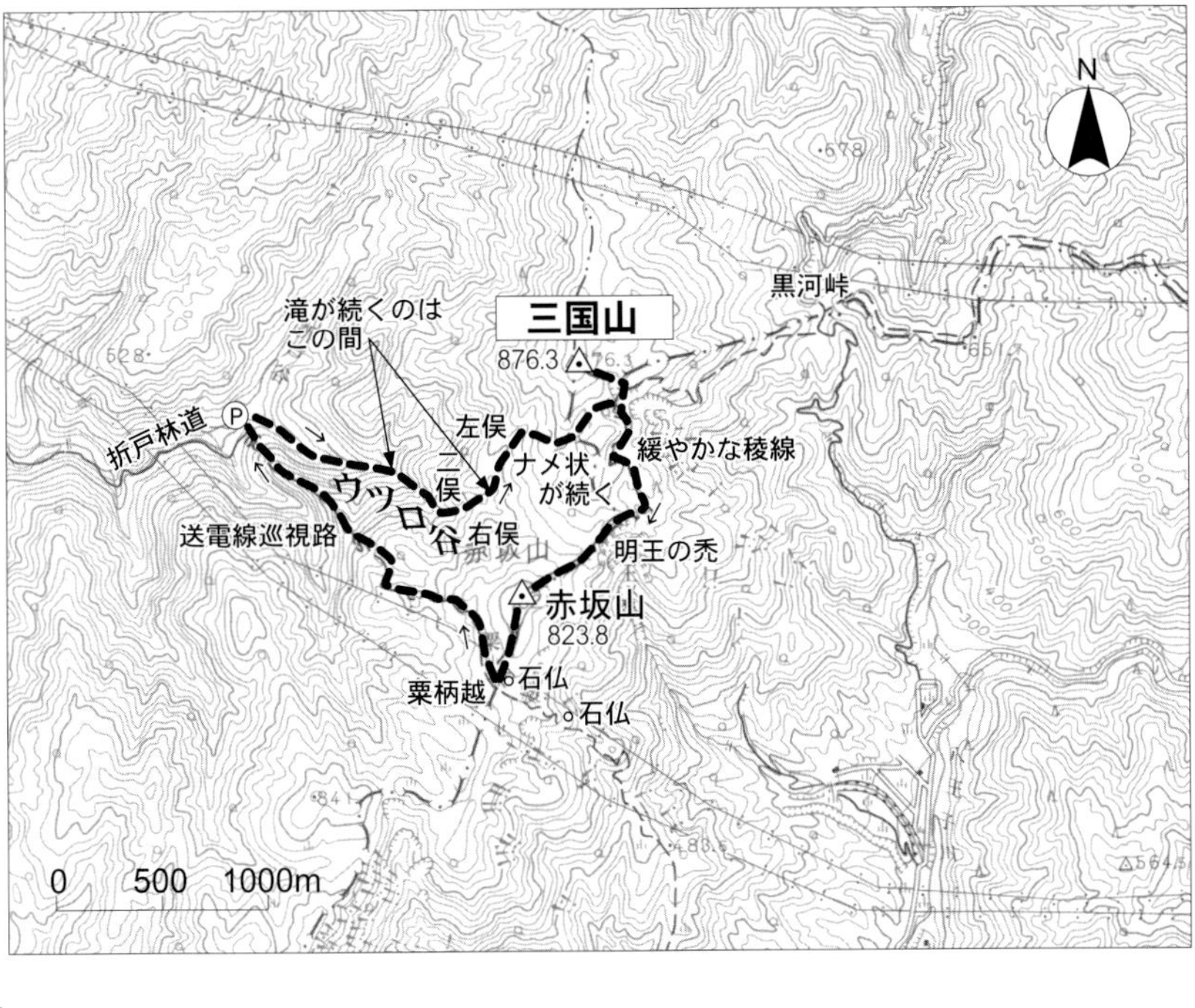

粟柄越《あわがらごえ》

MAP　駄口・三方

コースタイム●マキノスキー場（2時間30分）粟柄越（50分）折戸林道

写真

1　新緑の粟柄越の滋賀県側。鮮やかな緑が美しい。

2　福井県側では二箇所で流れを渡るところがあり、変化にとんでいる。

3　多くの旅人を見守ってきた峠の石仏。午後の陽がいっぱいに当たっていた。

1

2

若狭と近江を結ぶ情報・文化の通路

粟柄越の近江側は何度も歩いているが、昔からの峠道を歩いているという意識はあまりなかった。さまざなハイキングガイドが発行されているが、それらの中に、この粟柄越の道は、赤坂山・三国山のハイキングコースとして必ず紹介されている。多くの人たちは登山コースという目だけでしか、この道を見ていなかったように思う。私もまた、若狭側へと峠道を越えたこともなく、ただ赤坂山・三国山へ登る道として歩いてきただけだ。

しかし、峠とその下には石仏が祀られ、石畳が敷かれており、昔から歩かれていた峠道の雰囲気が、十分に伝わってくる。山頂を忘れてこの道だけを楽しんでみるのもいいだろう。

最近すぐ南の大谷山へと麓の辻集落から登ってみて、見事な古い道と出合い、山々と山麓の人々との距離が思いのほか近いことを知った。若狭側の耳川上流にはいつの頃までかは知らないが、粟柄という集落があり、集落の人々は峠を越える物品の運搬を業としていたという。若狭と近江を結ぶ峠道はいくつもあるが、

3

この栗柄越も重要な交易の道であり、遠い昔から人や物、そしてあらゆる情報や文化の通路となっていたのである。

今津や牧野、若狭の新庄や松屋、栗柄などの集落の人々の生活は、山に依存するところも大きかったに違いない。当然山にはそのための道がいくつも拓かれていたことだろう。もとはといえば栗柄越や大谷山への道もそんなひとつであった。炭焼きに入ったり、山稜の萱を刈ったり田の肥料のための草を採ったり、薪を拾うための道だった。

人が何かの目的の為に歩き続けた道は、ムダなものをそぎ落としたシンプルな造形に徹している。ただただ高みへと導いてくれるだけだが、今その道を歩く私たちには、感動すら憶えるほどの美しさに満ちている。それは道の造形と自然とが見事に溶けあっているからである。近頃、里山という環境が見直されているようだが、里の生活とそれを支える背後の山という自然環境が、そんな美を代表しているように思う。

マキノスキー場から登り始める

栗柄越は四季を通じて何度も歩いた。特に冬と春がいい。

冬は雪山入門コースとしても手頃で、スキーをするようになってからもよくスキーで登った。

春も花が多くて素晴らしいコースだ。芽吹き始めた頃の緑が花崗岩の白砂の道と合うのだろうか。明るい雑木林の道は歩いているだけで楽しくなってくるし、さらに多くの花とも出合える美しい道だ。

マキノスキー場から登り始める道はよく整備されている。最近は東屋の休憩所も建てられているが、やたら広く伐りすぎないでほしい。よく踏まれてさえいればそれで十分だろう。

登山路は東屋から細い尾根となり、いったん小さな谷に沿ってから斜面へと取り付く。雑木林の中のジグザグを登り、深い緑の中へと入って行く道は心地よく感じるところだ。樹林の登りが続いて笹が現れてくると稜線は近い。笹に埋まりかけた旧道には石畳が敷かれ、ここに石仏が祀られている。春はカタクリもちらほらと咲き、峠道の風情が漂っている。

やがて笹の広い斜面を登るようになって粟柄越の峠に着く。素晴らしい眺望が望めるのだが、峠の冬はいつも強い風が吹きつけていた。この風の通る峠にも自然石に石仏が彫られているが、晩秋や春先にふいに悪天候に出合い、苦しめられた旅人もきっといたことだろう。雪が多く樹林のない厳しい環境の峠である。

若狭側は雑木の道で、掘り込まれた見事な峠道が続いている。樹林の中をジグザグを切りながら下る気分のいい道だ。両側から張り出してきている木もしっかりと刈られているのは、現在巡視路として使われているからだが、もしそうした目的がなければ、きっと荒れた道となっていたことだろう。それと二箇所で流れを渡るところがあり、単調さを破る巧みな道取りがされている。こうしたことは荷の運搬に携わる人たちにとって、つらい登りも慰められ、随分と楽になったのではないだろうか。

峠を歩くことに喜びを感じている人にとって、応えられない感触を残してくれる、こうした美しい道が最後まで続いているのは、有りそうでなかなかないものである。江若国境の峠を越えてみて、若狭側の峠道の美しさが印象に残り、切り取られた幾つもの印象が頭の中に蘇ってくる。

登山メモ

●近江、若狭側ともに美しい峠道が続いている。若狭側は耳川の奥深く遡らなければならないので、マイカーかタクシーの利用となる。片側ずつの周回コースとして、近江側は三国山から黒河峠、白谷、若狭側は三国山の北の鉄塔巡視路を折戸谷に下れば周回できる。

●三国山・赤坂山は花の山として知られているので、春が最適期となるが、自然林が多いので、紅葉も見事。

●峠道は鉄塔巡視路として使用されているので、道はしっかりと整備されている。

滋賀県側直下の地蔵様。石畳が敷かれ風情満点だが、笹に埋もれつつある。

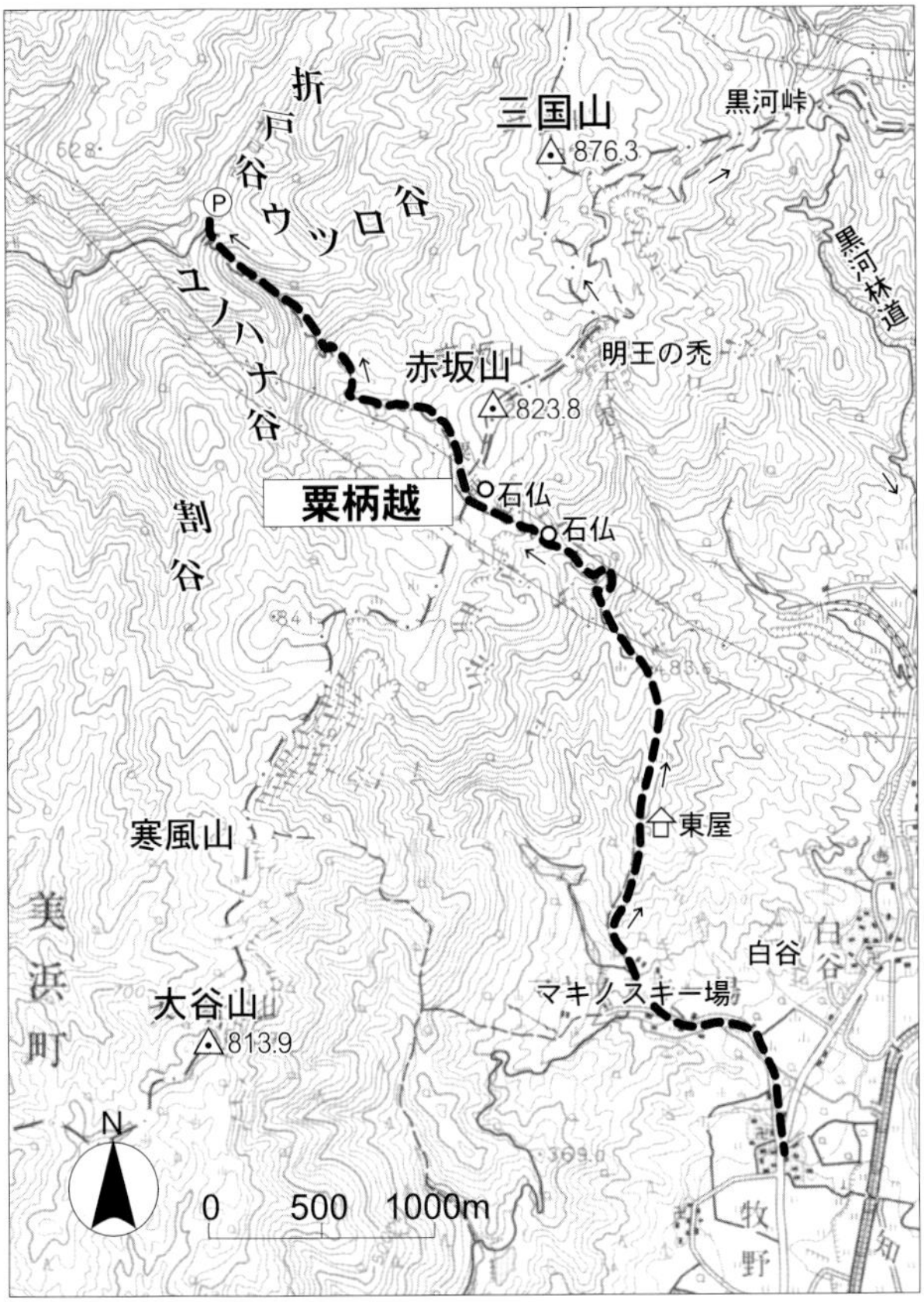

大谷山《おおたにやま》 南尾根

△八一三・九m
MAP 駄口・梅津

コースタイム●辻集落(3時間30分)大谷山(1時間10分)粟柄越(1時間20分)マキノ

写真
1 大谷山稜線からは琵琶湖、若狭湾の眺望が開けていた。
2 寒風山付近のヌタ場。午後の陽が一杯に差し込んでいた。
3 大谷山直下、百瀬川の右俣源流。広く浅く美しい谷間が開けていた。

1

2

懐の深い多くの魅力を秘めた山

大谷山という山は目立たない地味な山だと思いこんでいた。ずっと以前に粟柄越から稜線を辿って登った時にも、笹の草原を分けて歩いた単調な山という記憶しか残されていなかった。もうすっかり記憶も薄れていたのだが、この山にあると聞いたブナの林に関心を持ち、再度大谷山を歩いてみることになった。ルートは頂上から南に延びている長い尾根だったが、地味とか単調とかいう記憶とはうらはらに、多くの素晴らしいものと出合えることができた。

歩く前に南尾根の地図を見た時から、そんな予感を抱いていたのだがやはり期待通りで、懐の深い魅力を秘めた山であることを実感させられた。粟柄越から稜線を往復したくらいでは山が分かるはずもないが、現在のこの山への一般的なコースもそれに類したもので、この山の良いところはほとんど見逃されている。

まず出合ったのは深く掘り込まれた道。古い道があるらしいことは知っていたのだが、取り付きを知らず違う道を上がってこの古道に出合えた。雑木林の中の、長い年月をかけて歩き続けられたような美しい道だっ

3

た。紅葉期だったので、透明な秋の空気感とよくマッチし、気持ちよく登れた。

　次に目的のブナ林だが、正直これは少し期待はずれであった。もっとスケールの大きな林かと思っていたが、思った以上に範囲の狭いものだった。しかしその替わりといっては何だが、地図で期待していた地形に重なる美しい源流と出合うことができた。それはブナ林を過ぎ七四九《メートル》を下ったコル西側の谷で、樹林に包まれた緩やかな広がりの中の静かな流れだった。この源流の二俣から真ん中の尾根を登って県境稜線に出るのだが、ここにも道が残されていた。

　あとひとつ強く記憶に残ったのが、県境尾根の割谷の頭の南にあったヌタ場である。尾根横にある雑木の疎林の小さな平凡な窪地だが、ヌタ場に差し込む午後の光りの強さが印象的で、草原状の乾いた山稜の中で、オアシスのような潤いを感じた。

辻集落から延びる谷から登る

大谷山を訪ねたのは、見事に晴れ渡った秋の一日だった。

取り付きが分からず山裾を一時間ほど歩いて、辻集落から延びる谷を取り付きのルートにした。これは集落のはずれで作業中の人々から尾根への道があるということを聞いたからだった。

その通り道はあることはあったがあやふやな道で、やはりこの道ではないのかなと思いつつ登って行くと出合えたのである、見事に掘り込まれた素晴らしい道と。

この道は石庭の少し高台に見えていた正眼院から登ってきているようだった。背丈ほども深くなったジグザグの道を登って行くと、背後にはマキノの集落や遠く琵琶湖に浮かぶ竹生島も見えてきた。

雑木の美しい疎林から低い灌木帯に変わっていったが、やがてブナの林と出合った。ブナは結構密生していた若い木が多かったが、やはりこの古い道との取り合わせが良く、快晴の下の秋山の魅力が充満した登りとなった。

七四九mを下ったコルで左に浅い谷が広がっていた。尾根は右側が植林帯となっていたが、谷は鮮やかに色づいた木々が続き美しかった。この谷を少し下って本流に出、ここで昼食にした。何とも気持ちのいいところだった。

本流といってもこの源流部のこの辺りでは、もう一またぎできるような小さな流れである。少し遡ったところで二俣となり、この両俣を分ける尾根に踏み跡が続いていた。ジグザグ道を登るとこの辺り特有の低い密生した灌木となり、やがてススキの原に入って稜線にでた。

琵琶湖と若狭湾が両側に望める頂上

右に踏み跡を辿ると大谷山の頂上だった。頂上はそんなにすっきりとしたピークではないが、草の原が続く稜線からの眺望は見事だった。琵琶湖と若狭湾が両側に望める雄大な展望は、この周辺の山々だけが持つ魅力である。私にはこの稜線と並行している眼前のノロ尾の褐色の尾根がすごく気になった。

稜線はゆったりと広がっているが、琵琶湖側は切れ込みが深く、対照的だ。マキノスキー場から上がってきている、道の続く尾根との合流点の寒風山を過ぎてしばらく進んだところで、左に小さな窪地と出合う。ここはヌタ場となり炭焼きの窯跡があった。左に割谷の頭への尾根を分けるところで、道は右に振って急激に下っている。ここから小さなアップダウンを何度か繰り返すと、ゆったりと広がる赤坂山とのコルに下る。ここが粟柄越だ。もう夕暮れの時間も近づいていたが、少し峠道の若狭側を歩いてみたり、大岩にくり抜いた石仏の前で休んだりと、心地よかった稜線との名残りを惜しむように時間をとった。

おかげでマキノの集落に出たころはもうすっかりと夕暮れが広がり、久しぶりに月を眺めながらの下山となった。

登山メモ

●石庭の正眼院から登る南尾根は昔からの美しい道があり、近年、北山クラブの方達によって整備されているが、一般的な登山道ではないので、行動は慎重にしたい。

●よく歩かれているのは粟柄越からの往復で、他にマキノスキー場から寒風山に登る道もある。若狭側からは粟柄林道の県境手前から、大谷山へと道が付けられており、車を使えば最も手軽なコースとなっている。

●山頂はカヤトの静かなピークで、粟柄越への稜線も草原が広がっている。素晴らしい眺望が望め、空気の澄んだ秋から冬がいいが、天候が悪ければ、なだらかな稜線は要注意となる。

近江坂《おうみざか》

コースタイム●平池（3時間）大御影山（1時間45分）能登郷（25分）能登越（1時間50分）能登野

MAP　海津・熊川・三方

写真
1　大御影山付近の近江坂。深く掘り込まれた道が続いている。
2　若狭側能登野からの近江坂。しっかりと道が残っている。
3　春浅い峠道。ブナの林の中で登山者とすれ違った。

1

2

若狭越への興味を誘う峠道

白水社刊『日本の神々』の近江の日置神社、津野神社の項には、近江坂にかかわる伝承が書かれており、近江坂の両端にある酒波《さなみ》と若狭の倉見のつながりが示されている。

近江坂一帯は川上山と呼ばれ、生活の用に供する入会山だったが、近年、近江坂は峠道としてはほとんど絶えて久しいような道であった。この峠道がこれだけのスポットライトを浴びるようになったのは、故金久昌業氏を始めとした京都北山クラブの人々の、調査と踏破による記録の発表からではないだろうか。

近江坂の調査と記録の一部分は金久昌業の著書『京都北部の山々』（創元社）によって知ることができる。

私にとって近江坂という一章は、若狭越への興味と、さらにはこの辺りの山や谷へと誘い込まれたことに、大きな力を加えるものだった。近江坂の掘り込まれた道の深さだけ、この道を歩いてきた人々に思いが重なるし、金久氏の山に対する気持ちの深さを知ることになった。

3

平池から大御影山へ

酒波から登り始める峠道は今も残っているが、現在では平池、処女湖へと登る林道が開通して分断されており、平池から歩き始めるのが普通になっている。

ビラデスト今津から平池に下ったところで、右に林道が入っており、この林道を入ったところから左に杉の植林の中に入るが、この位置が石田川と百瀬《ももせ》川の分水嶺となっており、歩き出してすぐに渡る流れは、もう百瀬川の支流である。

尾根への登りは最初から深く掘り込まれた道で始まる。炭焼き山として使われていたのだろう、雑木林の美しい峠道が続いている。最近ではかなりしっかりと整備された道となった。登り始めは尾根の複雑なところもあるのだが、まったく心配のいらない道である。

やがて植林帯に入ると樹相の落ち着きはなくなり、杉と雑木の灌木の茂る間の道がしばらく続くが、滝谷山の分岐を過ぎたあたりから、断片的に峠道の美しさがまた見られるようになる。この先八四七mピークの肩を越えたところで、河内谷林道がこの山稜を越えており、林道は百瀬川源流から福井県へと抜けている。樹林の美しさはここから本領を発揮し、ブナを中心とした自然林が大御影山まで続き、何とも気持ちのいい尾根歩きとなった。右に笹原を持ったノロ尾が近づき、正面に反射板が見えるともう大御影山の頂上だった。頂上は北側が伐られており、眺望も望める。

大御影山から天増川源流へ

大御影山付近からは灌木帯で所々には掘り込まれた道形が残っている。約八五〇メートルピークとのコルまで下りが続いているが、小さなターンを繰り返しており、登りにとった場合も歩きやすい道だった。

約八五〇メートルピークでは三重岳へと続く尾根が分岐している。この尾根にも天増《あます》川から登ってくる道があったという。近江坂はこの付近から樹林の様相を変え、見事なブナの並ぶ林と変わる。緩やかなアップダウンの平坦な尾根が△七五〇・九メートル付近まで続き、県境尾根は天増川の源流を回り込むようにU字型を描いている。近江坂はこの突き出したU字部分をカットして天増川源流へと下っているのである。現在、天増川へと延びる二本の支尾根に巡視路が通っているが、そのどちらかが峠道となっていたのではないだろうか。天増川は林道が並行して走っているが、緩やかに広がる源流部の美しさが、どこまでも人を惹きつけるところだ。

能登郷から天増川源流へ

能登郷から天増川源流へは能登郷から残雪の時期に登っている。

能登野の八幡川に沿った林道を登り、終点から尾根に取り付く道が能登越だ。ここで一息入れて流れを見ると、カモシカの死体が流れの中にあった。この周辺もカモシカはかなり増えているのだろう。

尾根を登り始めたところが飯場跡で、酒瓶がいっぱい転がっていた。杉の植林地から始まるが、さすがに昔から歩き続けられた道らしく、掘り込まれた道がジグザグに登っていた。木地山峠道の若狭側と似ていて、古道の風格が感じられた。

能登野の海抜五〇メートル辺りから歩き出しているので、この峠道は思ったより長くきつく感じる。小さな溝状の源流を朽ちた木橋が渡っていて、ここから回り込むように登ると、カヤトのコルが開けていた。

天増川源流の能登郷へと下る道は、峠からの小さな谷についていたが、藪が覆って歩きにくい。あまり歩かれていないようだったが源流まではわずかな距離だった。

登山メモ

●近江坂の全コースは距離的には一日で歩けるコースだが、車での登山であれば、三つの区間に分けて歩くのがいいだろう。平池から大御影山、大御影山から能登郷、能登郷から能登野と分けることができ、登山基点として平池、松屋、天増川源流、倉見もしくは能登野となる。峠道では能登越から天増川源流の能登郷の間だけが、しっかりとした道がない。

●三つのコースとも近江坂を歩くだけでなく、他の山とからめて歩くコースが考えられる。平池からでは大御影山から滝谷山へと回ることができる。天増川源流であれば、天増川から三重岳へと今津山上会によって道が拓かれているので、三重岳以北のヤブを厭わなければ周回できる。倉見からでは能登越えから三十三間山へとつないで周回コースがとれる。

＊「登路図」は五七・六一・六五ページ参照。

大《おお》御《み》影《かげ》山《やま》　ノロ尾

△九五〇・一m
MAP　三方・熊川

コースタイム●松屋（4時間）大御影山（1時間）能登又谷への尾根分岐（1時間15分）能登又谷林道（30分）松屋

写真
1　大御影山頂上からのノロ尾方向。
2　頂上からノロ尾の下り始めは低灌木とカヤトの原。
3　ノロ尾の頂上直下にはブナ林が広がっている。

1

2

耳川上流に立ち塞がる山

福井県耳川上流の松屋からは、正面奥に大きな山が立ち塞がっているのが見える。県境の大御影山で、能登又谷の奥に前山を隔てることなく、一気に立ち上がり松屋に向けて大きな尾根を延ばしているが、松屋ではこの尾根をノロ尾と呼んでいる。

一方の滋賀県側は石田川源流の河内谷最奥の山となり、その県境稜線上を近江坂の峠道が通っている。大御影山の山頂も峠道の途中にあり、奥山だが、若狭側の松屋からも近江側の平池からもよい道があり、比較的近づきやすい山といえるのかもしれない。もっとも林道が近江坂の途中の県境を越えているので、車で県境まで上がれば、実際はあっけないほど簡単な山となってしまっている。

しかし簡単になったとはいえ、雪のある季節となると日帰りでは苦しい。もちろん林道は使えないので、近江側からは谷が深く近づくことができない。若狭側からの道も距離があり、結局残るルートはノロ尾に限られてしまうようだ。しかしそのノロ尾も末端の松屋から取り付くと、松屋の標高が海抜一五〇メートルなので、

3

高度差八〇〇メートルの登りとなり、尾根自体も頂上までは長く、雪の状態が悪ければ厳しいコースである。

松屋からノロ尾を登る

雪のある時、無いとき、何度もこの山を歩いているが、アプローチは違っていても、結局最後は近江坂の道を使って登っている。雪の季節は河内谷林道を、箱館山から県境までスキーで延々歩き、峠で一泊して県境尾根の近江坂を往復しているが、もう一度雪の大御影山を歩きたいと思っていた。もちろんノロ尾しかルートは考えられなかった。

松屋で出会ったおばあさんから山名を確認しようと様子を聞いたところ、末端から伐採・植林した時の道があることを聞いたので、末端の神社からノロ尾に取り付くことにした。

山名のことは尾根の名と同じくノロ尾と呼んでいたようで、昔はよくノロ尾も上がったと話してくれた。ご夫婦で炭焼きをしていたのだろう。

登り始めの急斜面にはかすかな踏み跡がある程度だった。右の能登又谷側が雑木林で、左の本流側が植林されていた。尾根の平坦なところまで登ると、雑木林の藪尾根と変わってきた。無雪期は結構藪がひどそうだ。

　ゆるやかで広い尾根を少し下り、コルからまた急な尾根を登るようになるが、この下りあたりから特に藪がひどかった。尾根も広くて分かりにくく、コル手前の栗柄谷側の支流の源頭には小さな池があった。藪はさらにひどくなり、おまけに伐採地の日当たりのよい斜面は雪もなくなり、コルからの登りは、ワカンを付けたままの藪漕ぎとなって、何とか能登俣谷へと延びる尾根と分岐する地点に登り着いた。

　ここには一本の素晴らしいブナの大樹が立っていた。大きさといい、形といい、ほれぼれとするようなブナだった。ここからまだ八〇〇《メートル》辺りまでは急な登りが続くが、ところどころにブナの残る樹林帯で、やっと藪からは解放された。

　八〇〇《メートル》まで登るとまたびっしりと埋まった灌木の中に入るが雪も多く問題はない。八一二《メートル》の手前で尾根はクランク状に曲がり、ここを過ぎると快適な雪稜と変わった。やっと春山らしい風景となり、すぐ上にはブナの森のかたまりが見えた。もうブッシュの邪魔はなく、真っ白の雪の尾根と大きなブナの樹林だけだ。

ブナの森に入ると、青空に変わった空から光が降り注ぎ、霧氷が融けてからからと降りかかってきた。きらきらと光る氷片と軽やかな音が気持ちよかった。

　やがて右に反射板が見えた。そのすぐ左側が頂上だろう。ブナの森を抜けると頂上直下は笹原が広がっていた。爽快な雪稜を辿り反射板に出、左へ少し進んだところが頂上だった。

春山の素晴らしさを満喫させる頂上

　やっと着いた頂上にはさすがに足跡はなく、四時間の登高で青空の広がる爽快な頂上を手に入れた。前にはずっしりと大きな三重岳が座わり、目を転じると深い栗柄の谷をはさんで、大谷山、乗鞍岳、三国山などの県境の山々が広がっていた。

　青空の春山の素晴らしさを満喫してノロ尾を下った。さすがに下りは早く、問題の分岐までは快適だったが、実はここからがそう簡単ではなかった。

　松屋へと延びるあの藪尾根はもう下る気がしなかったので、能登又谷への尾根をルートにすることに決めていたが、この尾根には二つのピークがあり、このわずかな登りが、藪とズボと潜る雪に苦しめられた。

これでは登りの尾根を下ったほうがよかったのではなかったかと思ったほどだったが、二つのピークを過ぎると幸運なことに植林帯に入って藪が刈られており、随分助けられた。苦しめられた雪もなくなり、能登又谷の林道まで一気に下った。

登山メモ

●以前はほとんど人の登らない静かな山だったが、現在ではいくつものコースから近づける山となっている。
●ほとんどが平池から近江坂を登るコースをとっているようだが、逆コースの、松屋から大日への送電線の巡視路を歩く、福井県側も素晴らしいコースとなっている。平池への酒波林道は、環境整備費として一人三〇〇円必要。
●粟柄林道を峠まで車で上がれば最短コースとなるが、滋賀県側はゲートが閉められている。
●紹介のノロ尾は無雪期は藪におおわれることだろう。積雪期のみのルートだが、かなり行程が長いので、雪の状態が悪ければ日帰りは苦しくなる。

大日《だいにち》

△七五〇・九m
MAP　三方

コースタイム●能登又谷林道分岐（20分）巡視路取り付き（1時間45分）大日（1時間20分）能登又谷林道分岐
能登郷（50分）大日（25分）林道（15分）天増川源流

写真
1　大日開拓地の春。明るく広がった谷間はまるで桃源郷だった。
2　夏の天増川源流。昔とほとんど変わっていない。
3　しっとりと濡れたブナ。何とも落ち着く林の中だった。

1

2

穏やかに広がる天増川源頭の小さな山

天増《あます》川の源流を訪ねたのは何年前になるのだろうか。もう林道がこの源流部にまで延びていたが、樹林の中を蛇行しながら流れる穏やかな水流が印象的で、広々とした平らは忘れられない場所となっていた。

この源流に興味を持ったのは、金久昌業氏の『京都北部の山々』（創元社）を読んでからで、木地屋の話や近江坂の追跡には、登山の中にある奥深さを教えてもらったように思う。思い返してみると、金久氏の数々の著書から受けた影響は、今の私の登山の中に深く浸透していることに気づかされる。

山頂に向かういくつかのルートのうち、好きなルートを登ってみると、道の上に印された足跡を見つけ、辿ってみるとそれが金久昌業氏のものだったということになるのだろうか。

天増川の源頭には大日という三角点ピークがある。山頂というにはあまりに盛り上がりに欠けるもので、取り上げるにのもはばかれるような山であるが、私には思い入れのある山となっている。

その思い入れとは、滋賀県の北西端にある奥深いこ

3

の山の位置である。県内湖北の東端、姉川源流の△一〇六七メートル峰（アリカミノ岳）と対をなすように角を突き出したこの地は気になる存在であった。それと素晴らしいブナ林、天増川源流の穏やかな広がり、謎だった近江坂、天増川に住んでいたという木地屋などなど、興味の尽きない山となっている。

　そしてもう一つつけ加えたいのが、北側の大日開拓地のことである。以前に耳川を遡った時訪ねてみたのだが、そののどかな広がりがすっかり気に入ってしまった。谷を遡った奥にぽっかりと広がる緩やかな谷間、桃源郷というのはこんなところを呼ぶのではないかと思ったものだった。

松屋から大日へ

　そんな大日開拓地をもう一度訪れてみたかったので、北側の松屋から大日へと登ってみた。大日開拓地は昔のままの印象で出合えるだろうかと危惧していたが、少し荒れてはいるものの、三枚の水田にはたっぷりと水が張られ、ちょうど植えられたばかりの早苗の緑が鮮やかで、開拓地の健在ぶりが嬉しかった。

登山口の少し先にあるこの開拓地を訪ね、戻りかけたところで軽トラで上がってくる二人のお年寄りと出会った。昔ここで水田を作っていた人たちで、新庄から畑仕事をしに来たようで、挨拶をして少し話しを交わした。今日のような素晴らしい青空の下で過ごすここでの一日は、きっと気持ちがいいことだろう。

大日への道は巡視路を辿る。開拓地のすぐ下の谷に登山口があり、しばらくは谷沿いに登った。この谷の上には二本の送電線が走っており、所々に鉄塔へと登る道が分かれている。

この谷道はやがて右へと谷から離れ、急な斜面を登って鉄塔に出合う。左へ山腹の道を進むと先ほど離れた谷の上部を横断する。雑木林から杉の植林地に入るとすぐ、伐採されたばかりの明るい尾根に出た。背後に野坂岳が大きく聳え、耳川源流の谷々が一望できる。

道はトラバース気味の斜面や急登が続くが、巧みに高度を上げて行く。小判型の大岩のあるところで支尾根に出合うと樹林の様相が少し変わり、ブナの木々が目立つようになった。ここには左に鉄塔へと行く道があるが、右に登って行く。もうすぐ右上が稜線だが、道は尾根上には上がらずトラバースを続けている。炭焼きの窯跡があったので、炭焼き道だったのだろう。緑の浅いこの季節にはぴったりの気分のいい道だった。

やがて目の前に県境稜線に立つ二本の鉄塔が見え、大日から大御影山までの稜線が開けた。コルに下り尾根上を一登りすると県境稜線に出た。右は三十三間山へと踏み跡が続いている。左に少し歩いたところが大日の頂上だった。平坦地で頂上という感じはまったくしないところだった。昔、天増川からこの稜線へと登った時にブナの林が続いていたのを記憶していたが、これほどのブナの森は近辺の山にはそうないように思う。今もほとんど変わっていない姿を見て安心した。この日は大御影山へと往復して松屋へ下った。

天増川源流から大日へ

天増川に沿って林道があり、稜線上に建つアンテナまで続いている。大日直下の源流は、冬には広々とした原の中に水流が蛇行していたが、夏の今は草が覆い歩きづらかった。

　鉄塔への道は最初こそ少し急だが、ゆったりとした歩きやすい尾根道で、上部はブナの大樹が広がる素晴らしいコースだ。この登りの途中から雨が降ってきたのだが、頭上を覆う木々が重なり、雨が体に感じるようになるまで随分と時間がかかり、つくづくと樹林の深さを思い知らされた。

　稜線に出て大日頂上を過ぎ、天増川の角状の先端を周り、アンテナの林道から源流へと下った。軽い半日のブナの森ハイキングコースであった。

登山メモ

●近江坂や大御影山とコースがダブっている。大日は小さな山であまり注目されていないが、頂上周辺は素晴らしいブナ林が広がっている。
●天増川源流と合わせて歩くのがいいが、福井県側の松屋からではゆっくりと時間がとれないので、天増川林道を車で入ればのんびりとできる。林道入り口の天増川集落にゲートがあるが、ゲート手前の家にたのめば、開けてもらえる。
●コースは福井県、滋賀県側とも巡視路なので道はしっかりとしている。

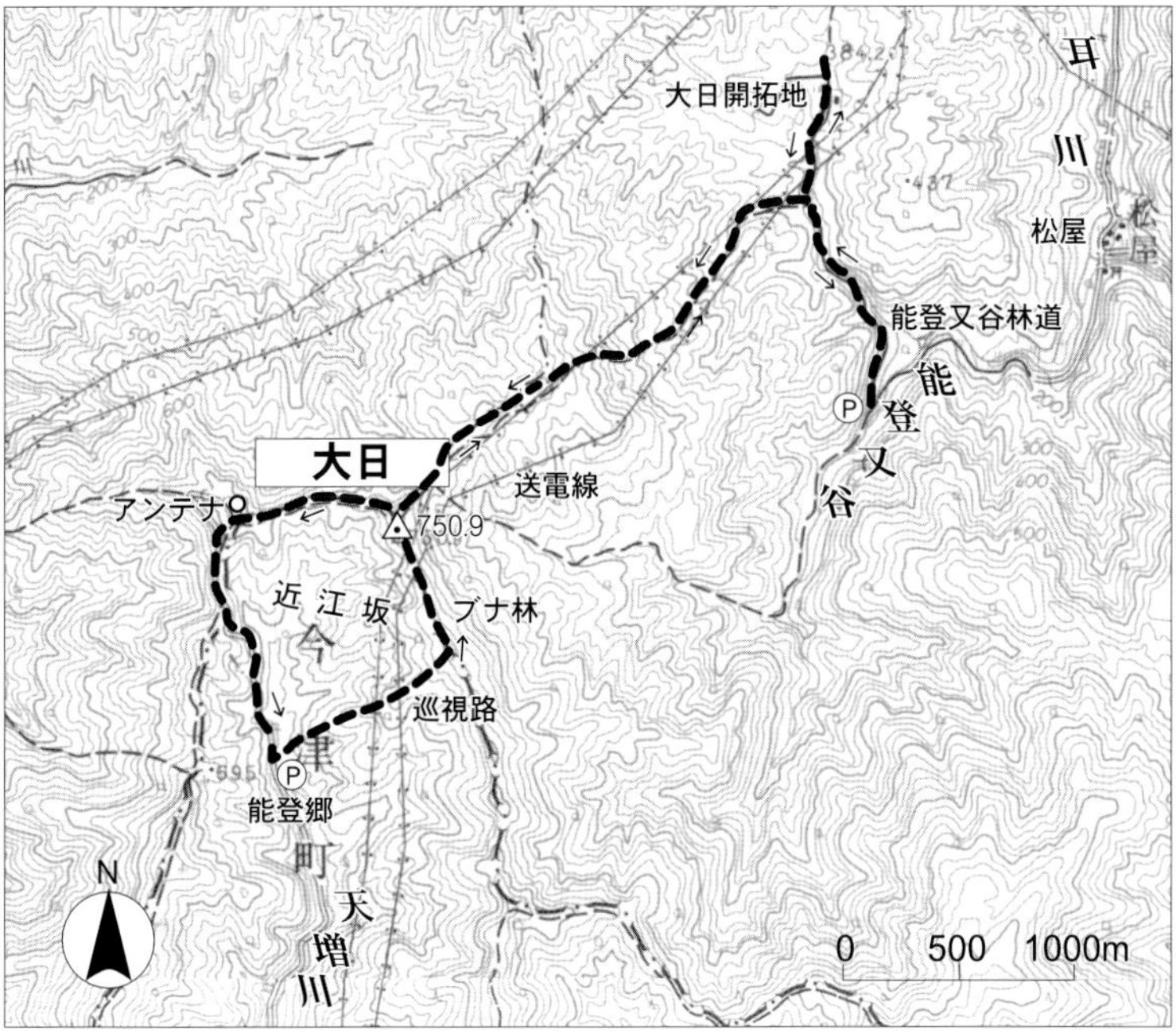

三十三間山《さんじゅうさんげんやま》

△八四二・三m
MAP　三方・熊川

コースタイム●能登野（1時間10分）能登越（15分）能登郷（20分）稜線（1時間30分）三十三間山（1時間15分）倉見

写真
1　冬の天増川源流。この冬初めての足跡を印した。
2　冬の三十三間山頂上。北側からは誰の踏み跡もなかった。
3　三十三間山を見上げる。北側の山稜から頂上を越えるとグンと雪が少なくなった。

1

2

三十三間堂の建築用材を伐りだした山

三十三間山は個性的な山名と長く延びた草稜が印象的で、周辺の山では最も良く知られた山であろう。三十三間山という山名については京都の三十三間堂造営の建築用材を伐りだした山と言われている。

私もこの山には何度か登っているが、私自身の好みからいえば、三重岳や大御影山の方が評価は高い。というのも平野からの最前面の山だけに昔から麓の人たちが登り、多くの人の手が入っていたようで、八〇〇メートル《メートル》以上の標高を持つ山ながら、稜線まで松がある里山的景観なのが気に入らない点である。稜線の草稜も萱の草刈り場だったのではないだろうか。

しかし倉見からの一般ルートでなく、北の大日や天増川源流などとからめて歩けば、そんな不満は解消されるだろう。やはりこの山は積雪期に歩くのが一番良いが、雪が深ければこれらのコースは距離が長くなり、かなり厳しくなる。

私は一般コース以外では、天増川から頂上に突き上げるオリ谷を登っているが、ひどい藪漕ぎだった記憶がある。もう一度は雪の時期に頂上から熊川へと延び

3

る主稜をスキーで下っている。途中の六三六メートルから東の倉見峠への尾根を進んで、途中のコルから新道に向けて谷を下った。稜線は快適だったが、谷に下ったのが失敗だった。流れが顔を出した谷に苦しめられ、猛烈な雪降りの中、何とか新道に出られた。

一般コースは最近では、倉見の登り口にトイレのある立派な駐車場が設置されている。登山者の数もかなり多いようで、道もしっかりとしている。昔、冬に登ったときには、国道のバス停の囲いで一晩明かしたことを思い出した。

この山はもう一度冬に歩いてみたかったが、一般コースを登るのでは面白くないので、能登野から能登越を越えて、以前から一度歩きたかった雪の能登郷（天増川の源流）に下り、そして稜線に登り直して三十三間山へとつないでみた。

このルートは距離が結構長くてハードだが、なかなか素晴らしい三十三間山への登山コースとなった。天増川源流は私が初めて歩いた頃にはもう林道が源流まで出来ていたが、まだ多くの魅力を残しているところだ。私の最初の天増川源流行は紅葉の季節だったが、美しい源流と出合い、大日のブナの林を見て満足して帰ってきた。それからずっと雪に埋もれたあの源流を歩いてみたいと思い続けていたのだが、それがやっと実現でき、しかも期待通りだったことはうれしかった。

天増川源流から登る

能登野集落から能登越で天増川源流へと下ったが、能登越は近江坂の項に譲り、ここでは源流から始めることとする。

春近い源流は雪も落ち着き、静かな流れが顔を出していた。私たちが今年初めて歩いたようで人の形跡もなく、流れのそばでゆっくりと昼を楽しんだ。できるなら晴れた源流と出合いたかったのだが、沈んだ鈍い空からはぽつぽつと雨が降り出し、広げていた装備をあわただしくザックにしまい込み出発した。

稜線から下った峠道は藪がかぶっているところがあったので、右岸側の六九五メートルに登る尾根を登りのコースにとった。

この尾根はところどころに鉈目が入り歩きやすくはしてあったが、道というほどのものではなく、木々を避けながら登った。稜線の雪は少なくワカンを付ける必要もない、春山らしい快適な山歩きとなった。次の大きなピーク八三八メートルまでほぼ登りが続いており、雨もまだそんなに強くなく樹林帯の気持ちのいい登りだった。しかし樹相はこれだけの高度があるにもかかわらず、細い灌木ばかりなのが物足りないところだ。北の大日は素晴らしいブナの林が続いており、極相林の様相を見せているが、このあたりは麓の人たちが昔からよく入っていたのだろう。

八三八メートルあたりからは雪も増えた。前方には三十三間山が見え、いったん下ってから再び登りとなるのがうらめしい。かなり疲れも出てきたし、雨も次第に強くなってきたので、カメラを出すことも少なくなった。ひたすら登り続け白く開けた頂上に着いた時は、さすがほっとしたし、うれしかった。

雨の中ほとんど休むことなく下りにかかった。一般コースは踏み跡が登ってきており、このトレールにも安心感が加わり、緊張していた気持ちもほどけてきた。樹林を抜け草原帯に出ると前方が大きく開けたが、ここからは拍子抜けするほど雪は少なく、稜線でさえ土が出ているところもあった。倉見への道に入り風神の碑を過ぎると土の露出した急な下りが続き、惰性にまかせて一気に下りた。

登山メモ

●一般ルートは倉見からの道。登山口には駐車場、トイレが設置され、コースはよく整備されている。

●最近、三十三間山の南尾根に登山道が整備され、天増川集落まで道が拓かれた。ススキの山稜を行く素晴らしいコースが加わり、バリエーションが広がった。

●ここで紹介しているが、近江坂の項でもふれた、能登野から近江坂を能登越に登って県境尾根を南下し、三十三間山から倉見コースを下れば周回コースがとれる。車道を歩く距離もしれているので、もっと歩かれてもいいコースだと思う。

近江坂，能登野から能登越への道。

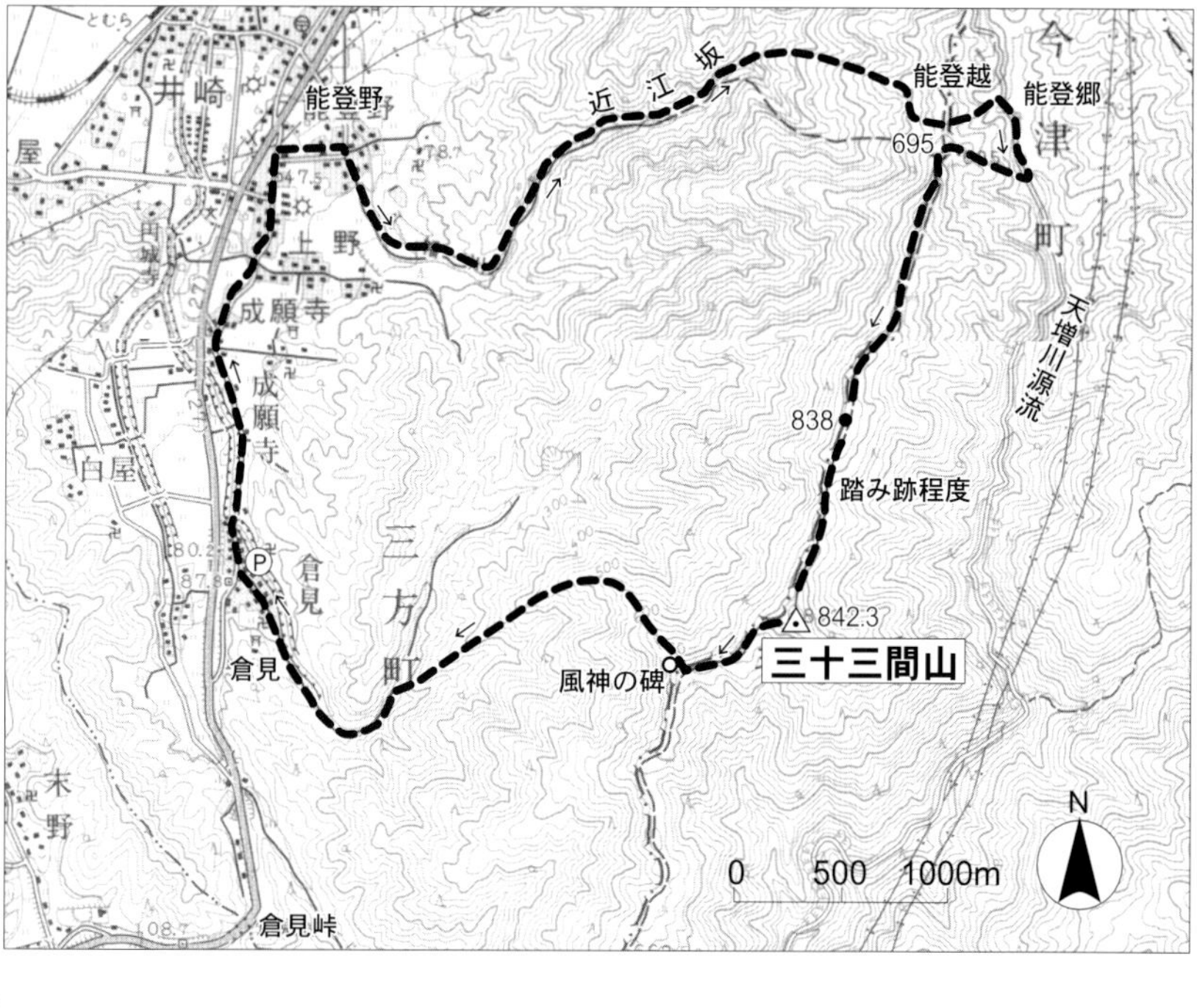

百《もも》瀬《せ》川《がわ》

MAP　熊川・梅津

コースタイム●平池（20分）百瀬川（1時間30分）二股（1時間40分）847m（1時間15分）滝谷山（45分）平池

写真
1　百瀬川は荒れた河原と堰堤が続くが、落ち着きのある川だった。
2　堰堤を巻くところでナツエビネに出合った。
3　平池から百瀬川に下った。豊かな流れと意外な自然林に目をひかれた。

1

2

河川争奪のドラマチックな歴史

百の瀬を持つ激しい流れだということが、名前からうかがい知れる百瀬川。地図を見ても堰堤のマークが延々と続く暴れ川で、湖辺に大量の土砂を押し出している。旧一六一号線と交差する部分も、道が川の下をくぐる天井川となっており、人々との長い闘いの歴史を物語っている。

百瀬川は石田川との河川争奪でも知られており、地図を見るたびに気になる川であった。

もともと、もっと小さな川だったのだが、石田川の上流が日本海側の粟柄谷によって短縮され、水量と運搬力が減って土砂を運びきれなくなった。それによって現在の川上平末端に湖沼をつくり、それがあふれて直下に迫っていた百瀬川に流れ落ちて、河川争奪が完了したという（足利健亮他編『地図の風景』そしえて刊より）。

この争奪によって百瀬川は一気に流域の標高差が高まって、小さな谷に大量の水を押し流すようになり、深い渓谷を形成し多量の土砂を押し流すようになった。長い年月が作り上げた気の遠くなるような地形で

3

ある。河川争奪という科学の解明から、長い年月を圧縮して百瀬川を眺め、歩いてみると、そのドラマチックなうねりが、いまだに私たちに押し寄せ、自然の大きさに圧倒される。何とも壮大なスケールだが、宇宙の中からみればこんな出来事もほんのちっぽけなものとなるのであろう。

平池から百瀬川へ、快適な谷歩き

川上平からほとんど平坦な分水嶺のすぐ先の百瀬川に流れ落ちる小さな支谷を下った。急な谷だが難所は一つもなく本流へと下りた。丁度、流れが大きくカーブしているところで、深い峡谷となった地形が、少し穏やかになった辺りである。

遡り始めるとすぐに堰堤に出合い、一つ越えるとまたひとつと、金太郎飴のように繰り返された。年代の古いものはコンクリートが押し流され、流れの中に散乱している。今もこの流れと人間との闘いは続いているのである。下から遡れば幾つの堰堤を越さねばならないのだろうか。

この辺りには石田川と栗柄谷を結ぶ林道から分岐した林道が延びており、頭上に見ることができるが、自然林に包まれているので、不思議と落ち着いている。いくつかの堰堤を越えるのに少し手間取ったが、坦々とした河原が続く何でもない谷で、こんな暑さの残るお天気の良い日には、うってつけだった。緩やかな流れをじゃぶじゃぶ遡り、疲れれば砂の河原に腰を下ろす。思った通りの快適な谷歩きだった。

堰堤がなくなると大きな二俣に出合う。この右俣の源流部が、大谷山へと登った時に出合った素晴らしい源流へと続いている。また、この右俣も歩いてみたいものだ。

ここからすぐまた次の二俣に出合う。右が本流で、左俣を遡れば近江坂の途中に出ることになる。右はもうすぐ近くに林道が迫り、荒れていそうだったので、左俣に入ることに決めて、この二俣で昼にした。

樹林の中で淡いむらさきの花が輝く

左俣に入るとかなりスケールは圧縮された。しかし流れは深く切れ込んで、曲がりくねっており、どこまでも深く静かだった。滝を巻こうとするとナツエビネが咲いていた。緑の樹林の中で淡いむらさきの花が輝き、宝石を見つけたようにうれしかった。この春も、キンラン、ギンラン、エビネ、クマガイソウなどとの出合いがあったが、蘭の美しさは何ともいいようがなく、人々が熱中する気持ちがよくわかる。盗掘が跡を絶たないというが、特にこんな山中でぽつりと咲く姿を見ると、引き込まれるような特別な力を感じてしまうのではないだろうか。

遡るにつれ、流れはすっかり小さくなった。小さな滝がいくつも現れるが快適に登り、太い流れを選んで本流を詰めて行く。早く左へと登れば近江坂に出られるが、河内谷林道が県境を越える手前の八四七メートルピークを目指した。

最後の急な詰めを登りきったピークは、近江坂から少し東へ張り出している。三角点でもあれば踏み跡も付いていたかもしれないが、頂上は樹林の中だった。残暑が強くへばったが、もう少しがんばって、近江坂の途中から滝谷山への尾根へと入り、春に歩いた池の辺りをもう一度見てみようと欲張った。おかげで、もう一度ナツエビネと出会えたが、わずかな登り返しや、処女湖への急降下の下りがつらく、長い一日となった。

登山メモ

●百瀬川は道はなく流れの中を歩くことになるので、渓流シューズや渓流タビが必要。じゃぶじゃぶと流れを歩くだけの谷で、左俣では上流の詰めになって小滝が出てくる程度。

●平池から下るスガ谷出合のすぐ上流まで、栗柄林道から分かれて原山林道が延びてきているが、自然林に包まれている。

●右俣は大谷山に上がるので、右俣に入るなら、マキノの石庭を起点にして原山峠を越えて大谷山に登れば、南尾根を石庭へと戻れる。平池からなら左俣に入ると近江坂に出られるので周回コースがとれる。

左俣は荒れた下流とはすっかり表情を変えていた。

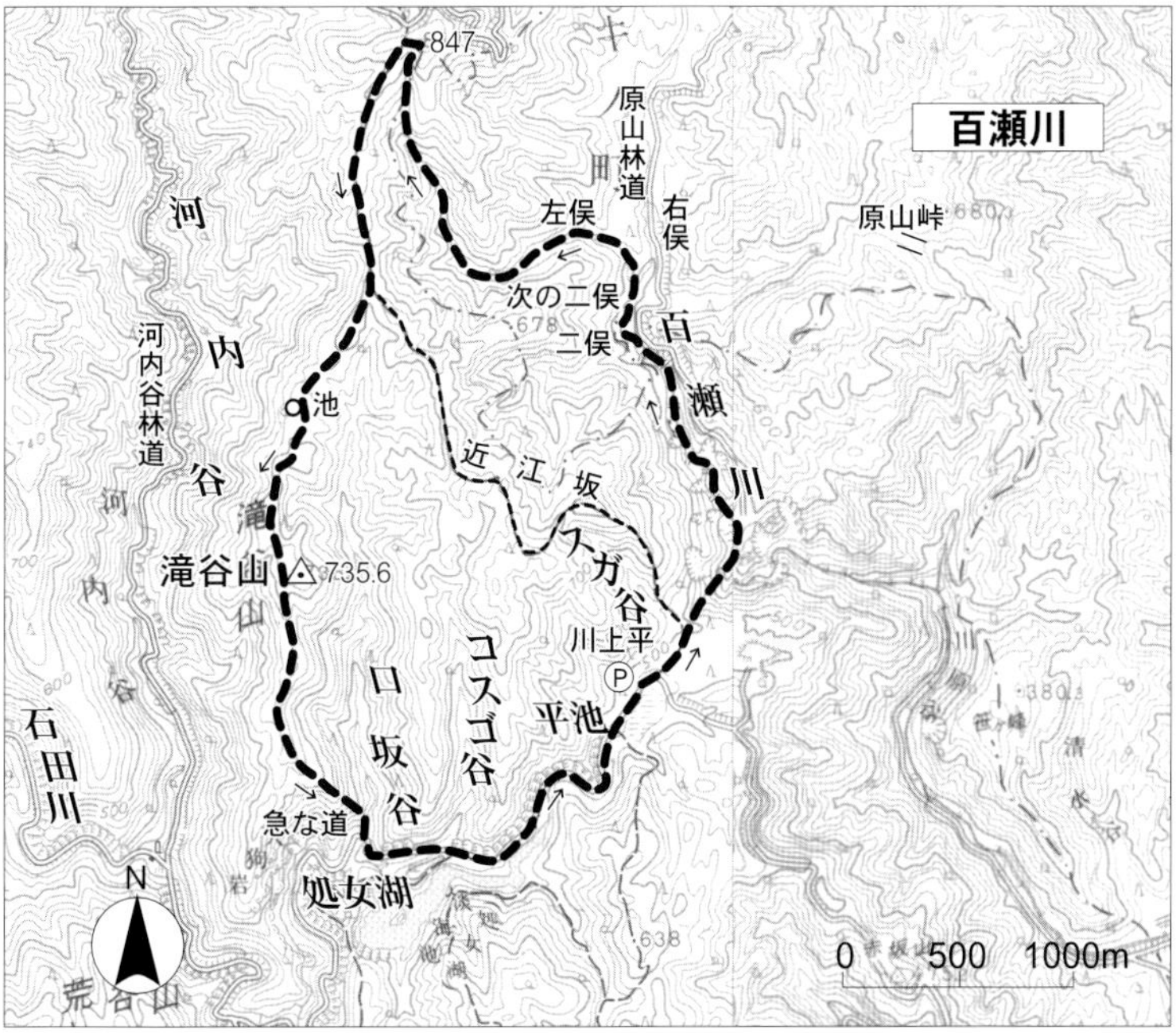

滝谷山《たきだにやま》

△七三五・六m
MAP　熊川

コースタイム●口坂谷出合（55分）滝谷山（50分）近江坂合流点

写真
1　頂上から北の稜線はブナ林が残されていた。
2　ブナの林の中には小さなヌタ場がいくつかある。
3　ブナ林に咲くナツエビネ。地味な色彩の林の中に珠玉の輝きが。

1

2

ブナ林が残る静かな山

私の持つ平成一二年六月一日発行の二万五千分の一地形図の熊川を見ると、滝谷山には三角点はなく、標高を示す数字も小数点以下が記入されていない、標石のない標高点となっている。滝谷山には三等三角点の標石があるのに、これはどうしたことだろうか。それと七三六となっている数字の書体が、他の標高点の数字とは異なっている。この熊川の地図をよく見てみると、他にも数箇所、滝谷山と同じ書体が使われており、気になるところである。

滝谷山は近江坂の通る県境尾根から分岐した支稜にあるピークで、東西を河内谷と口坂谷が深く切れ込んでいる。この山自体は現在は杉の植林におおわれた平凡な山だが、滝谷山の西側の口坂谷やコスゴ谷の源流は緩やかに広がり、複雑な地形を作っている。滝谷山を北へと近江坂への尾根まで歩いてみると、この地形が稜線上にまで影響しているのを見ることができる。

その辺りはゆったりとした稜線に、浅い谷がくい込むように入り組み、小さく浅い池があった。しかも辺りは下生えのない自然林が広がり、ブナの美しい林を

3

作りだしている。こういった林がまだまだ残されているのが石田川、百瀬川源流の山々の魅力である。

　私はこの山へは、一度歩いたきりであった。口坂谷を遡り左へ滝谷山へ登っている。そしてその後、河内谷林道を県境まで車で上がり、県境の峠から近江坂を使って大御影山まで往復している。ほとんど記憶にも残らない、最もつまらない登り方であろう。頂上の三角点に触れたという記録が残っただけのものだった。

　滝谷山は現在では、今津山上会によって整備された道があるが、当時、道があったかどうかは記憶にはない。杉の植林がされていたのかどうかも憶えていないが、現在の植林の成長具合からすれば、植林されていたのだろう。ということは、稜線には道があったものと思われるがそれすら記憶にない。

　この石田川流域一帯は、ずっと昔から入会山であり、『今津町史』の江戸期の地図を見ても炭焼きを始めとして、多くの人々が入っていたことがわかる。それには幾つかの道も描かれており、当時から山々には縦横に道が走っていたことが分かる。

現在も滝谷山の尾根の南側を遊歩道として横断している道があるが、おそらくは当時から歩き続けられた道であろう。

口坂谷出合から滝谷山、近江坂へ

平池に車を置いて歩き始めた。処女湖に流れ込むコスゴ谷の次の口坂谷の出合が滝谷山登山道の登り口となっている。昔この谷を遡って登ったはずだが、全く記憶には残っていない。また、当時とは様子も変わっている。谷には石を組んでコンクリートで固めた飛び石が作られているし、出合には立派な休憩舎が建てられていた。

飛び石の橋を三度渡って左の尾根に取り付き、すごい急な斜面を登って行く。ここも丸太で階段状に整備されているが、いきなりの急登はつらかった。ゆっくりゆっくりと意識して登り、時々立ち止まっては背後の山を眺めた。山々の斜面はまだ褐色のままで、急な谷間には雪が残っていた。

しっかりとした尾根に乗り道は杉林の中を進んだところで、三頭のシカが走り去るのを見た。白いお尻が暗い杉林の中をはずむように消えて行った。

しばらくでこの道は左に斜面をトラバースするようになる。河内谷へと下っているのだろう。滝谷山へは尾根通しにそのまま行くのだが、まだ道はそんなにもしっかりとしていない。踏み跡を確認しながら進むような道だが、要所には標識がぶら下げてあった。少し急な登りを登ったところが頂上で、道から右にヤブを分けたところに標石があった。取り付きから一時間たらずの登りだった。

杉林の中でまったく展望はなく、腰を下ろす間もなく尾根を北に進んだ。しばらくは植林と伐採された灌木だが、やがて美しい樹林帯に入る。

尾根の地形が複雑になり、ところどころに窪地が出てくる。まだ雪も残り、水が溜まって池のように広がっていた。そして林も最近伐採を受けた様子はなく、林床は下生えもなく明るく美しい林だった。ブナの大樹を縫って落ち葉を鳴らしながら自由に歩ける尾根がしばらく続くのだが、口坂谷側は植林帯となっており、対照的な表情を見せていた。

三つ目の池と出合いその背後の斜面を登ったところが、近江坂の通る尾根との合流点だった。近江坂にも滝谷山の標識がぶら下げてあるが、明瞭な道ではなく分かりにくいところだった。

このまま近江坂を平池に下れば軽い一日コースだが、体力に余裕があれば大御影山への往復も可能だ。

登山メモ

●全体にあまり歩かれていないので、踏み跡をはずさないように注意したい。山頂の三角点は稜線から少し西側の植林帯の中にある。

●頂上から南北に延びる山稜の南側は植林が続くが、北側はブナ林やヌタ場状の池が見られる。平池から往復するだけのでは物足りないので、北へと足を延ばして近江坂とつないで歩けば一日コースとなるだろう。健脚者であればさらに大御影山を往復することも可能。

●自動車でビラデスト今津から平池へ入ると、清掃協力費として三〇〇円が必要。

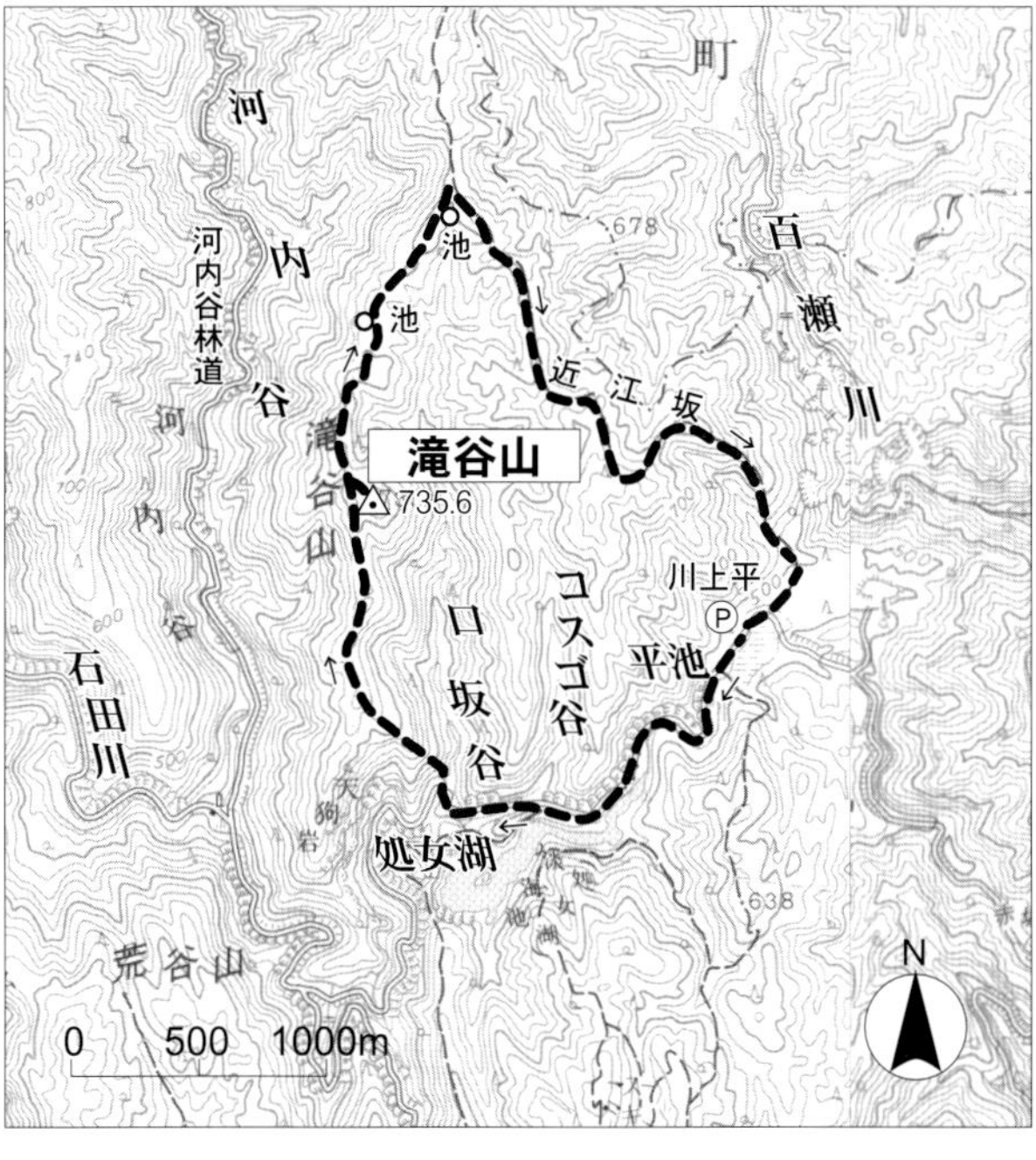

三重岳《さんじょうだけ》　南尾根

△九七四・一m
MAP　熊川

コースタイム●石田川ダム（40分）一の谷出合（1時間15分）686m（1時間45分）三重岳（1時間50分）一の谷出合（40分）

写真
1　武奈ヶ岳から見た三重岳。登った南尾根もよく見えた。
2　ガスの尾根をもくもくと登った。
3　ガスの中の静かな南尾根。けり込む足音だけが響く。

1

2

かつては近寄りがたい孤高の山

三重岳は滋賀県西北端の県境尾根から南へと延びた支尾根上にあり、両側を福井県へ流れ出る北川の支流、天増川とびわ湖へと流れる石田川の支流、河内谷に挟まれている。ゆったりと広がる頂上から四方に大きな尾根を延ばし、谷はいずれも険しく切れ込んでいて、標高は千メートルにも満たないのに、近寄りがたいような雰囲気を抱かせている。

近寄りがたい孤高の山というような印象を受けるのは、近年林道が下を通っているものの、谷奥深くにあること、天増《あます》川、河内谷から三重岳へと詰める谷がいずれも険しいこと、雪の多い山域であること、しっかりとした登山道がなかったこと、などがあげられると思うが、ブッシュが埋まる積雪期であれば日帰りでも往復でき、そんなに登りにくい山ではない。

国土地理院の地形図には三重嶽とありサンジョウとルビが振られている。サンジョウダケ、サンチョウダケなどと言っているが、地元ではサンジャガタケと呼んでいるそうだ。現在ではいくつかの登山道が「今津山上会」によって整備され、身近な山となりつつある。

3

私はこの山には幾つかの思い出を持っている。初めて登ったのはかなり昔のことで、一ノ谷を遡行して南隣の八王子谷を下っている。そんなに難しい谷ではないが、険しい谷だったという記憶がある。この時は頂上を踏んでいなかったが、その数年後の春、一人で合田谷を詰めて頂上に立った。

ゴールデンウィークだったが、谷にも雪が残っていたし、ダム横の林道にもブルで除けられた雪が固まっていた。一日目に遡行して稜線の藪を分けて頂上に着き、頂上でビバークした。その夜は発達した低気圧が通過したのか猛烈な風で、ツエルトが浮き上がるほどだった。翌朝、合田谷左岸の尾根を下って河内谷に下りたのだが、河内谷の流れが激しく、恐ろしい思いをして何とか渡ったのを憶えている。

石田川ダムから入山

二十数年ぶりであり、初めての雪の三重岳だった。現在二本の登山道があるのだが、積雪期には取り付きの林道歩きが長すぎて日帰りでは苦しい。ダムからの武奈ヶ岳への登山道を登って太尾を辿るルートも考えられるが、稜線に上がってからが長すぎる。冬には石田川ダム事務所までしか自動車が入れないので、林道を歩く時間を計算に入れれば、考えられるルートは、三重岳から真っ直ぐに南に延びる尾根しかないようだった。このコースなら取り付きまで林道を歩く距離は知れているし、尾根に上がってからの距離も、ラッセルがあったとしても充分に届く範囲である。問題は林道からの取り付きの斜面が急なところばかりなので、取り付けるところがあるかどうかだった。

小雨の中、林道を四〇分ほど歩いて一ノ谷出合に着いた。今年は雪は少なく、雪が深ければ苦労をする林道歩きも比較的楽だった。地図を見ても分かるがどこも急な斜面が続き、林道から取り付けるところは少ないが、登る予定の南尾根末端の一ノ谷出合の谷横から取り付けそうだったので、ここをルートと決めた。

斜面は杉の植林で急登が続いたが、しばらく我慢すると尾根の形状をなした植林地と自然林との境に出る。雪の切れた部分は踏み跡が見え、鉈目が入れられていた、伐採・植林時のものだろう。ここまでくればもうあとはひたすら高みを目指すだけだ。やがて傾斜もゆるくなり、登るにつれて雪も増えていった。

風格のあるブナが目立つ

六八六メートルあたりで植林も終わり自然林の中に入るが、あまり大きな木は見られない。この植林よりもっと以前に、すでに伐採を受けていたのだろう。それでもところどころにブナの大樹があるが、伐り残されたもののようだ。特に六八六メートルの頂上のブナは立派であり、樹形に風格があった。

しばらくは小さなアップダウンの繰り返しで、尾根はやせているところが多かった。そして七五〇メートルあたりから頂上周辺の大きな広がりまで、登りが続いた。

雪はもぐるところもあるが、快適な登高となった。小雨もほぼやんだので晴天を期待したが、青空はなかなか顔を出してくれなかった。尾根にはぽつりぽつりと大きなブナが続いているが、全体的には比較的径の細い灌木帯だ。やはり雪が多い地域だけに曲がりくねった木が多い。

六八六メートルから一時間三〇分ほどで、緩やかに広がった頂上の台地に登り着いた。今日のような先が見えないガスの日ではこういう地形は分かりにくいが、地図の等高線の形を頭にいれ、慎重に高みを選んで進んだ。

この尾根からだと頂上へは、左へくい込むように突き上げている源流を回り込むように左から右へと弧を描きながら歩くのだが、ほぼそのイメージ通りに現れる地形を辿ると頂上に着いた。取り付きからここまで全くトレースはなかった。頂上周辺でも見られなかったなので、雪が本格的に積もってからは誰も登っていないようだった。

源流の窪地に下って昼食をとり、自分たちの踏み跡を辿って同じコースを下った。わずかに青空が覗いたものの、最後まで厚い雲におおわれたままだったが、それでも途中で少し明るくなり視界が開けた。六八六《メートル》の手前からは右に武奈ヶ岳の北側が大きく見えた。そして対岸の合田谷をはさんだ登山道のある真っ直ぐに頂上へと延び上がる尾根が印象に残った。

登山メモ

●冬季は石田川ダム事務所までは車が入れ、駐車できる。無雪期は石田川ダムより奥も通行できるが、道は荒れているので注意。

●南尾根は冬だけに限られたルートで登山道はない。一ノ谷の出合から取り付いたがかなりの急斜面。雪の状態さえ良ければ充分な日帰りの範囲となる。

●尾根の下部は分かりやすいが、頂稜部は等高線が広がり、複雑に入り組んでいるので注意が必要だ。山頂は広がった山稜の東端にある。現在は三角点の周りが刈り開かれ、南側の樹林が刈られて展望がきくようになっている。

三重岳《さんじょうだけ》 南東尾根

△九七四・一m
MAP 熊川

コースタイム●河内谷登山口（2時間15分）三重岳（1時間）オジカ谷道（1時間15分）河内谷登山口

写真
1 春の南東尾根。芽吹いたばかりのブナの緑が清々しい。
2 オジカ谷出合いに下る道は植林帯だが、シャクナゲが多かった。
3 春の明るい尾根を登ると、樹林の背後に頂上が見えてきた。

1

2

積雪期はまだまだ遠く深い山

三重岳はたかだか九七四・一メートルという標高の山だが、不思議な魅力のある山である。地図を見ると緩やかに広がる山頂一帯から、タコの足のように尾根を四方八方に長く延ばしている。谷は深く険しく、尾根は曲がりくねり這いつくばった灌木が支配しており、人を寄せつけない狷介《けんかい》な気難しさを感じさせる。しかし、天増《あます》川と河内谷に挟まれた長大な山稜を支配してきたこの孤高のピークも、数値どおりの山に近づいてきたようで、誰もが簡単に登れる山になった。

以前は人とはほとんど出会うことがなかったが、最近では幾つかのパーティとすれ違うようになった。それはもちろん藪漕ぎなしに頂上に立てるようになったからだろうが、それ以上に憧れのような強い思いが、この山にあるからではないだろうか。三重岳へは一度登ってみたかったという人が多い。

私が昔歩いたのも一ノ谷や合田谷などの谷を詰めての登山だった。合田谷を遡行して頂上から下ったのは南東尾根だったが、踏み跡が続いていたことを記憶している。しかし、誰もが気軽に歩ける山ではなかった

3

し、踏み跡があることも知られていなかった。そんな遠い山だったことが、多くの人たちが抱く今の三重岳への思いとつながっているのであろう。

今津山上会が発行しているガイドブックの中の地図には、この南東尾根と河内谷支流のオジカ谷出合へと下る尾根に、道が実線として描かれているが、現在の南東尾根とオジカ谷出合への尾根の双方ともそんなにいい道ではない。昔からあった道にかぶさっている木などを伐って整備した程度のものだ。もっとしっかりとした道に整備してほしいなどと苦情がくるだろうが、ぜひともこのままにしておいてほしいものである。最近の道はあまりに広く刈り払い過ぎているように思う。公園の散歩道のようにする必要はないのである。この山にはこの程度の道がよく似合っている。

河内谷登山口から登る

河内谷出合から石田川ダムへの道を少し進んだところに取り付きがあり、立派な道標が立てられている。登り始めは地図を見ても分かるように急登が続いている。杉と檜の急斜面を登り少し落ち着いたところに炭焼きの窯跡があり、ここから左谷の山腹道となった。

ヤマザクラの花びらが降りかかる風流な道行きで、緑が萌えだした春の山の良さをつくづくと感じる。道沿いには窯跡が多く、昔から多くの人たちによって踏まれてきたことがわかる。ほとんど形もわからないくらいに崩れた窯跡らしき窪みも見られたが、『今津町史』にある川上山の記述や地図などを見ても、おそらく明治以前の炭焼きの窯跡なのではないだろうか。

道はやがて右に登って尾根の上に出るが、この付近はしばらく二重山稜のように真ん中に窪地が延び、いくつかのヌタ場が見られた。雑木林の疎林の中に入るようになると、掘り込まれた昔の道形が出てくる。右斜面に植林帯が続いているものの、道は美しい雑木林の中に続いている。このブナも残る樹林帯はいったん細い灌木の密生した林となるが、再び落ち着いた自然林と変わる。

南東尾根は尾根上に上がってしまうと、あとはだらだらとした登りが続くだけで歩きやすい尾根だ。春霞のぼんやりとした空気の中、谷を挟んで見る南尾根の萌えだしたブナのみどりが何とも清々しく、久しぶりに見る木々の緑がいっそう新鮮に思えた。

八四四四メートルを過ぎてから尾根は細くなった。右にノトマタ谷左岸尾根が近づき、左前方にずんぐりとした頂上台地の西のピークがのぞいている。もう頂上も近く少し登りが強くなり、左へ回り込むように登ったと思ったらそこが頂上だった。頂上は小さく伐られ南側が開けているが、笹の下生えのブッシュに囲まれていた。また、北側も尾根の先端まで筋状に刈られ、大御影山が正面に見られるようにしてあった。

ブナの大樹が美しい尾根を下る

下りは河内谷林道に下るつもりで、オジカ谷出合に下る道かノトマタ谷左岸尾根のどちらかをコースにとるつもりで下り始めた。頂上のすぐ下に分岐があり、南東尾根と分かれて左に進んだ。この尾根は複雑で分かりにくいが、踏み跡が導いてくれた。ブナの大樹が多く美しい尾根で、林床には南東尾根では見かけなかったカタクリも咲き始めていた。

道なりに進んでいくとやがて急な下りと変わり、ノトマタ谷の左岸尾根と離れていった。このコースが最短コースのようだが、全部が伐採された植林地で、樹相は見るべきものもなく、早いのが取り柄のコースだった。ただ、シャクナゲが多く、ちょうど満開の今は最後まで鮮やかなピンクの花が続き、目を楽しませてくれた。

林道に下りたところは、かなり上部のヘアピンカーブとなるところで、ここから登れば最短コースとなるが、林道のゲートは閉まっている。林道歩きは長いが、春の緑を眺めながらの林道は、退屈どころか新鮮な色彩が溢れた楽しい道となった。

登山メモ

●登山口は箱館山からの林道と石田川林道の合流点から、少し下流にある。登り口の路肩が広くなっているので、駐車できる。
●登山道は今津山上会の方々が、昔からの踏み跡を整備したもので、そんなによく踏み込まれた道ではない。
●もう一本の登山道、河内谷オジカ谷出合からの道もあまりしっかりと踏まれた道ではない。特に下山コースにとる場合や、雪が残っている時は、十分に注意して下りたい。南東尾根から登ってオジカ谷出合まで下る周回コースは、オジカ谷出合から長い林道歩きとなる。
●河内谷林道は滋賀県側ではゲートが閉じられており、一般車は入れない。
＊「登路図」は七七ページ参照。

清冽な流れと鮮やかな緑が続く河内谷林道。

春の南東尾根は、ところどころで美しいブナの列と出合った。

三重岳頂上は眺望がきくように刈り広げられていた。

武《ぶ》奈《な》ヶ《が》岳《たけ》

△八六五m
MAP 熊川

コースタイム●角川登山口（1時間20分）赤岩山（50分）武奈ヶ岳（20分）ワサ谷道分岐（1時間）石田川ダムワサ谷出合

写真
1 角川集落の倉。日本画を見るような美しさを感じた。
2 武奈ヶ岳頂上付近で三重岳から縦走してきたパーティと出会う。
3 頂上から三重岳への山稜に、わずかだが見事なブナ林が広がっていた。

1

2

水坂峠から間近に見上げる美しい山

国道三〇三号線旧道の水坂峠を越えたところから、前方に大きな山の姿が望める。この山が武奈ヶ岳で、わずか八〇〇メートルあまりの山とは思えないスケールと迫力を感じるのである。とくに雪をつけた時のこの眺望には見ほれてしまう。これほどの見事な展望を得られるところはそうないし、これほど美しく見える山もあまりないのではないだろうか。

比良の武奈ヶ岳とは違い、以前から地味な存在で登る人もそう多くはなかったが、近年、今津山上会によって、古くからの道を登山道として整備し、道標も設けられるようになって、登山者の姿も見られるようになってきている。

登山道は南東へと延びる尾根の途中にある赤岩山に、角川からと石田川ダムから道が登っている。また、石田川ダム事務所から林道を少し入ったワサ谷左岸の尾根から、尾根通しに武奈ヶ岳の北のピークに登る道が一本ある。この小さな山に三本もの道が登山道として整備されたのだが、まだまだ静けさを保つ山である。

また、積雪期で雪の状態さえ良ければ、朝早くの出

3

発で武奈ヶ岳、三重岳の日帰り縦走も可能となる。雪山の眺望も素晴らしく、積雪期こそこの山の良さを最も発揮できる季節となるだろう。

私もかなり以前、夏に南面の南谷から登り、北東面の谷を天増《あます》川に下っているが、雪の季節のこの山のことがずっと気にかかっていた。登ってみるとやはり雪の季節に登る山だということを実感する。

もちろん雪の多い地域だということがまず一番にあるのだが、国道の真上に位置するすこぶる便利な山だけに、雪のあるなしを問わず、ますます登山者は増えることだろう。

角川集落の小さな谷から登る

私たちは角川から登る登山道に取り付いた。この尾根は以前に南谷から登った時にも、尾根に道があるのを確認しているので、昔から麓の人たちによって使われていた道なのだろう。

角川集落の光明寺の横の小さな谷から登り始めた。寺のすぐ上の堰堤を越えたところで、右の尾根に道は続いている。深く掘りこまれた道が古い道であることを証明していた。

しばらくは雑木林の明るい道が続いて気持ちがいいが、やがて植林帯の中に入った。赤岩山をすぎ頂上の近くまで、道のどちらかが植林帯であることが多くて残念だ。

登るにつれて右背後には荒谷山の横に長い山稜が広がってくる。さらに登ると左前方に赤岩山から分岐する尾根の六二〇メートルピークが見えてきた。このピークの高さを超え前方上の黒い針葉樹の植林に覆われたピークまで登ると暗い杉林の中の赤岩山に着く。しかしすぐに暗い植林の中を抜け、前方には武奈ヶ岳の南東斜面が見えてくる。この斜面はまだ若木の植林帯で、木々は埋まり白い斜面が広がっていた。

いったん少し下ってから武奈ヶ岳の斜面の登りにかかる。このあたりから雪もぐんと増え、灌木も埋まって眺めもすっきりとしてきた。しかし、今年は雪も少なく、雪面から顔を出した木々の枝も多いようだ。薄曇りで時折、陽差しが顔を覗かせ次第に天候が良くなることを予感させた。

山稜からは素晴らしい眺望が広がる

大きな斜面はざらめとなっており、ツボ足でもほとんど潜ることもなく快適な登高となり、広い斜面を登りきるともう目の前が頂上だった。頂上は自然林で木々が頭を出しているが、北側はすっきりとした稜線を延ばしていた。三重岳からそのかげに大御影山、左には天増川をはさんで三十三間山があり、手前に長い稜線を延ばしていた。天増川の奥には三角のピークが見えているのは源頭の山の大日のようだ。

稜線の風下側で昼にしたが、次第に青空が面積を広げてきていた。この先の八一二メートルピーク手前から石田川ダムへの道を下る予定をしていたが、このピークの北側斜面にブナ林があるということを聞いていたので、少し足を伸ばしてみた。

ブナ林は八一二メートルピークの北側斜面に広がっており、そんなに大きなブナはないものの、このあたりでは珍しく美しい林を形成していた。そしてここからの目の前に向かい合う三重岳の眺望が素晴らしく、先々週に登った南尾根も一望できた。

分岐のピークに戻り尾根を下った。この尾根はずっと植林の中で、コースとしてはつまらないが、一定の傾斜で下る歩きやすい尾根だった。この日は午後になっていっそう雪もゆるんできたが、いまさらワカンを付けるのも面倒なので、ツボ足のまま下ったが、ズボズボと潜りこんで苦しめられた。

　最後はワサ谷にある林道に下り、石田川ダムに出たが、前回登った三重岳から二週間たっているだけに、林道の雪も大分減っていた。

登山メモ

●国道三〇三号線からも間近に仰ぐ美しい山で、積雪期でも登る人が多くなっている。

●登山道は今津山上会が整備された、角川から赤岩岳を経て登る南東尾根と、石田川ダム事務所の少し上流のワサ谷コースがある。ワサ谷コースはワサ谷へと最後に下りるだけで、ほとんど尾根を行く道。ワサ谷コースはほとんどが植林地なので、南東尾根の方が、コースとしては優れている。ワサ谷コースは周回コースの下山路としてとるのがいいだろう。

●積雪期で雪の状態が良ければ、早朝発で三重岳まで日帰り縦走もできるだろう。

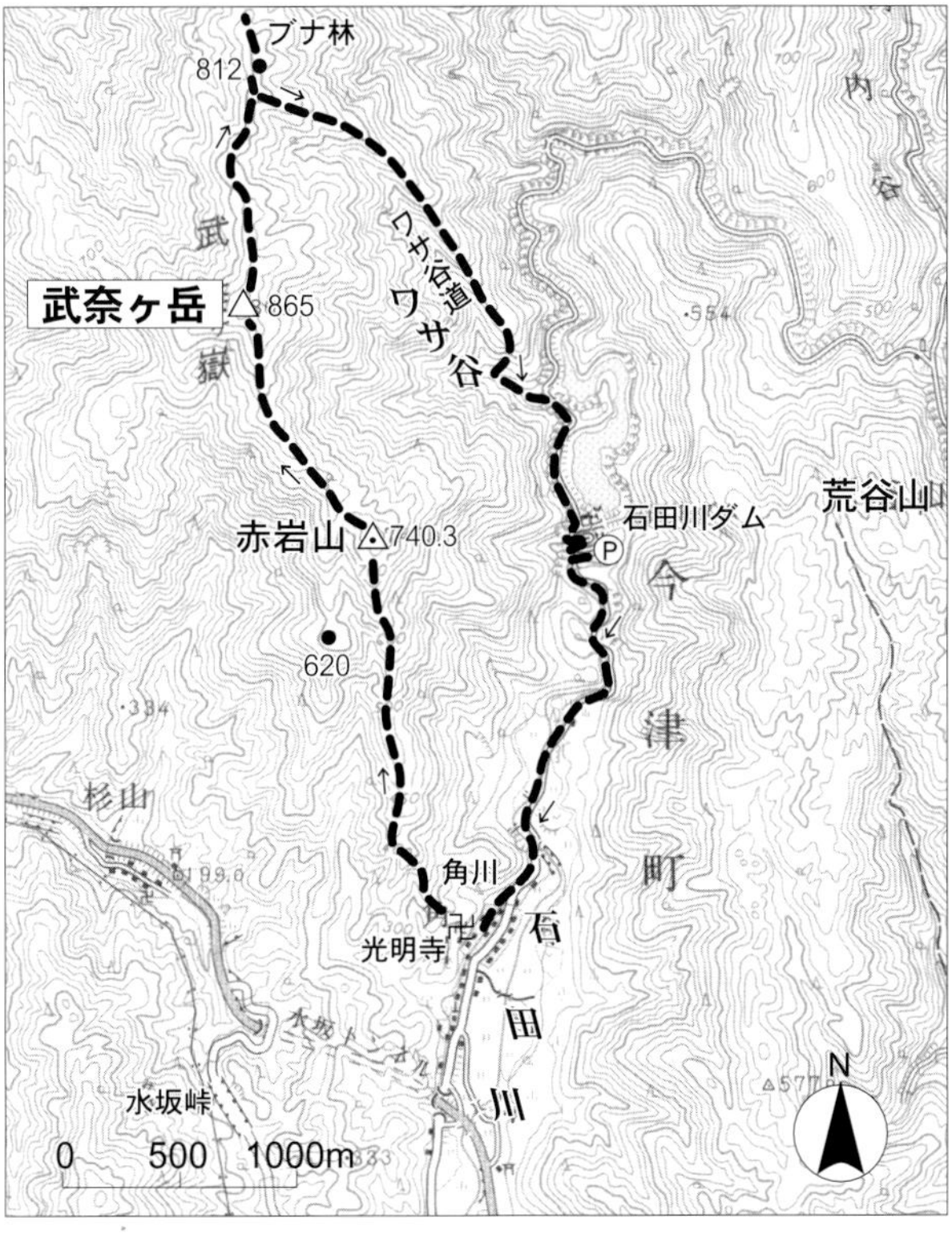

二《に》の谷山《たにやま》

△六〇八・二m
MAP　熊川・饗庭野

コースタイム●椋川出合橋（40分）支谷巡視路登り口（1時間10分）545m（30分）二の谷山（40分）巡視路分岐（40分）椋川

写真
1　小雨の樹林の中からは、伐採された林縁が灯りのように光っていた。
2　登る人もまれな二の谷山頂上の三角点。
3　平凡な山稜よりも、落ち着いたたたずまいの椋川の集落に惹かれた。

1

2

日本海と太平洋の分水嶺上にある小さな山

滋賀県は琵琶湖を真ん中において周りを山が囲み、ちょうど片口のような形状をしている。水を注ぐ部分にあたるのが県外へと流れ出る瀬田川で、じつに単純な形なのだが、厳密に見ると湖北の藤古川や湖西の北川など、県外へと流れ出る川が他にもあり、安曇《あど》川のように県外から流入する川もある。

そのひとつの北川は北から天増《あます》川、南から寒風川が合流するあたりで県境の線が引かれ、本来の武奈ヶ岳、水坂峠、二の谷山、檜峠を結ぶ稜線にあるべき県境が、両川の西側の山稜に県境が通っている。

滋賀県内では特異な地域となっている寒風川の上に二の谷山がある。二の谷山は北川とその支流寒風川が三方を囲み、東側を石田川が流れており、この山は日本海と太平洋を分ける、分水嶺上にある小さな山である。

二の谷山の山裾を流れる寒風川は、合流点の北川に近づくほど険しく、源流へ向かうほどなだらかな漏斗状の地形となり、椋川《むくがわ》のいくつかの集落は穏やかな広がりの中にある。朽木《くつき》へと越える檜峠も、日本海と太

3

平洋を分ける峠越えとはとても思えないおだやかな峠越えとなっている。

巡視路を登る

椋川のゆったりと広がった谷がぼんやりと小雨の中にかすんで美しく、車を停めて何枚かシャッターを切った。次第に忘れられようとしている風景がまだここには残っている。

廃村となった小《お》原《はら》へと入る谷の出合に車を停めた。小さな里山なのでどこにでも道はあるだろうが、やはり送電線の巡視路にルートを求めた。地図を見て鉄塔の位置を仮定し巡視路のルートを想定するが、最近では地図を見ただけで、ほぼ巡視路のルートは分かるようになった。

この日は寒風川の林道から二の谷山の南、五四五《メートル》ピークに詰め上がっている小さな谷から入った。支谷の入り口には巡視路のタバコマークの道標はなかったが、林道から細い道が流れを渡っていた。小さいが切れ込んだ谷で、細々と道が続いていおり、すぐに炭焼きの窯跡と出合った。まだ石組みはしっかりと残っている。静かな谷に一瞬小さな動物が横切り驚かされたが、リスだった。

　中ほどに送電線が横断しているので必ず道があると思っていたが、やはりたばこの絵の赤いプラスチック板と出くわした。ほっと一安心。別に藪を漕いでもいいのだが、やっぱり道を登る方がずっと楽である。右の小さな流れからかなり急な斜面に、階段状の道が登っていた。しばらくの辛抱だがきつい登りだ。写真を撮ったりして苦しい呼吸をなだめながらゆっくりと登る。

　次の鉄塔の建つ四八六メートルの西のピークに出たところで、少し行き過ぎて尾根を下り始め、左に鉄塔が見えているのに気づいて戻った。巡視路といってもこのあたりは少しわかりにくい。しかし頂上へと続く主稜線というべき尾根に乗ると、道もしっかりとしている。今日は天気が悪く視界がきかないので、地図を見て注意箇所を頭に入れてから進んだ。

　二本の鉄塔をくぐると、ジーンという不気味な音が大きく響いている。二本目の鉄塔の先で右に椋川へと下る巡視路があるので、これを下山コースに決めた。

　尾根は植林地と雑木林の境界となって、いつもどちらかが雑木林となっていたので、ほっとする。こんなうっとうしい天気の日に、薄暗い杉林を歩かされたのではたまらない。五四五メートルで北へ九〇度振るところも迷うことなく辿れたが、ぽつぽつときていた雨が次第に激しくなり、林の中にも雫が落ちだしたので、傘を差しながら進んだ。いったん少し下ってから登りが頂上まで続く。眺める大きな木もなく景色も見えず、ひたすら登るだけ。楽しいのだろうかと自問するが何とも答えが出てこない。でもすぐまた行きたくなるから不思議だ。

　頂上も雑木と檜の植林の境。ただ周りより少し高いのと三角点の標石があるだけだった。以前には三六七号線から登っているが、その時の頂上は今植林されている檜も幼木で、見晴らしも開けていた。それに三角櫓《ろ》が組んであって、その櫓《やぐら》に登ったことを思い出した。

　頂上も写真にするようなところもなく、標石をいれて頂上とわかるようにして一枚撮った。

　巡視路の分岐まで戻り椋川へと下った。小さな谷に拓かれた山田に出て集落の中を歩いた。犬に吠えられただけで人っ子ひとり出会わない。二の谷山は伏木貞三著の『近江の山々』（白川書院）では〝檜やぐら〟という山名で書かれていたので、そのことをどなたかに尋ねようと思っていたのだが、結局ひとりの人とも出会えなかった。
　しんとしずかな集落を出て車へと戻った。

登山メモ

●標高六〇〇メートルあまりしかなく地味で目立たない山。静かでまとまりがあるが、植林地が多い。
●登山道としてはなく、山塊を縦断している送電線巡視路を登路とすればコースは多くとれる。地図で尾根上の鉄塔を目印に巡視路を探せば、どこからも登るコースがある。
●三〇三号線の寒風川出合には採石場があるので、椋川の笹ヶ谷や寒風川林道の途中の谷から登る巡視路をルートに選ぶ方が、無難だろう。

秋色の寒風川

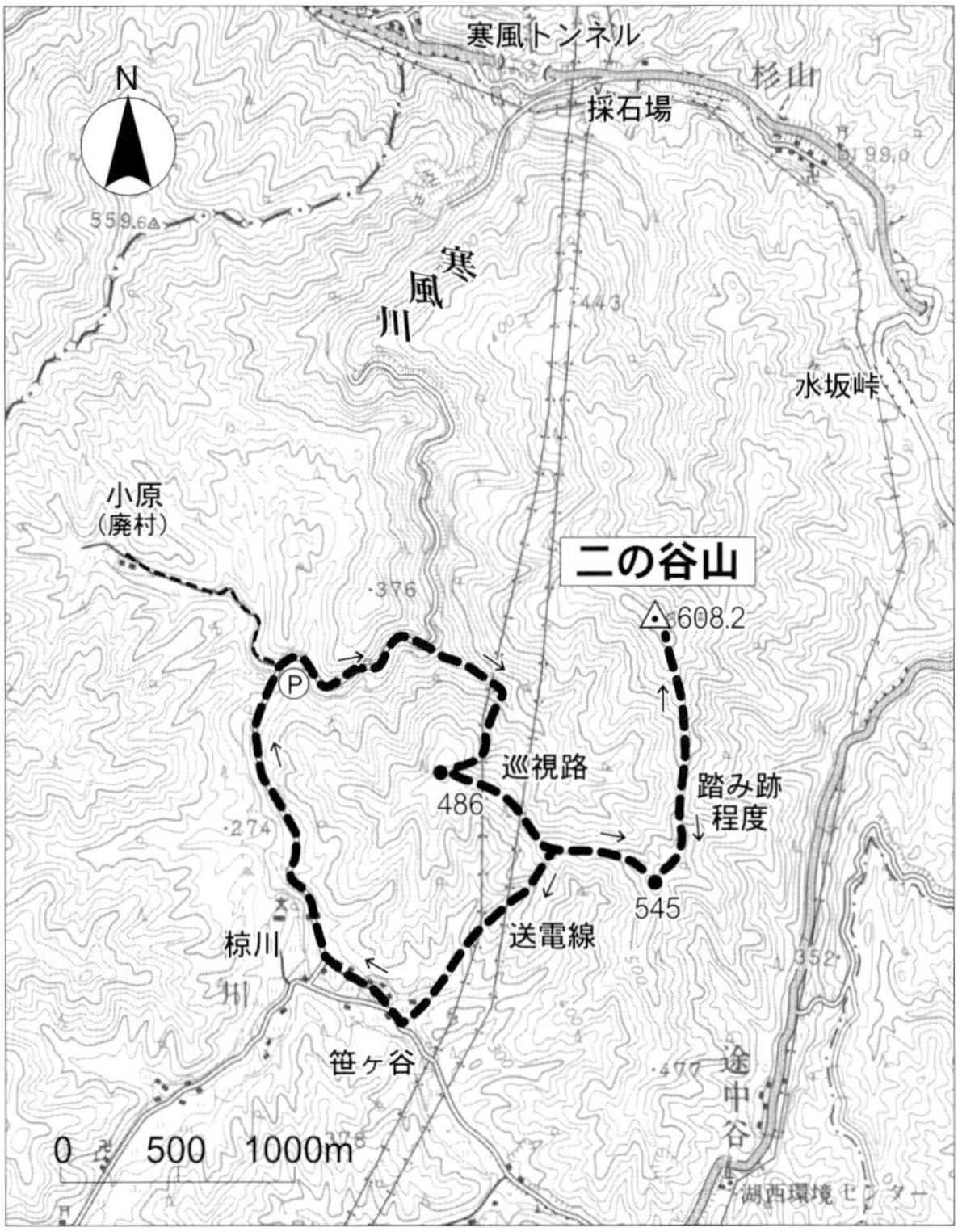

小原峠《おはらとうげ》〜・六九三m〜横谷峠《よこたにとうげ》

小原峠・六二八m
横谷峠・六九三m
MAP　熊川・饗庭野

コースタイム●笹ヶ谷（1時間25分）稜線（3時間15分）693m（35分）横谷峠（30分）笹ヶ谷

写真
1　山稜から見た椋川の広やかな谷。
2　椋川の夕景、時間の動きが遅くなったように感じた。
3　下り立った横谷峠からの遠望。遠くに三峰が並ぶ白倉岳が見えた。

1

2

椋川からの二つの峠道をつなぐ稜線

朽木《くつき》の北、檜峠を越えたところで西に椋川《むくかわ》の大きな谷が開けており、現在では立派な広い道が延びている。この椋川の谷は中間あたりでY字形に分かれ、右の谷の奥にあったのが小原谷という集落で、もうかなり以前に廃村になっている。左の谷は少し開けているので、集落はこちら側に偏り、五つの集落が点在している。この谷は若狭湾へと流れる北川の支流の寒風川で、滋賀県内では珍しい他府県へと流れ出る川である。

　Y字の分岐を過ぎさらに下って小原谷への支流に入ってからから、初めて谷を遡る。

　小原峠は前から気になる峠だった。伏木貞三さんの『近江の峠』（白川書院）で小原峠のことは知っていたが、この周辺は二つの谷山（檜ヤグラ）に登ったくらいで、まったく歩いたことがなかった。私の持つ「熊川」の地図を見てみると、横谷と椋川谷とを結ぶ横谷峠も面白そうなのでこの二つの峠をつなぐ稜線を歩いてみようと思った。しかし、登る前に横谷峠は車道が越えていると相棒のD氏から聞かされてちょっとガッカリした。

3

横谷の集落は麻生川がU字形にふくらんだその底にあり、木地山へと続く道路はそのU字の上端で尾根を越えているので、ちょうど隠れ里的な雰囲気のあるところだ。小さな尾根を越すところは切り通しとなりお地蔵様が祀られている。この場所もまた昔の道の気分が残っている好きな場所だ。

笹ヶ谷から小原谷へ

笹ヶ谷に自動車を置いて歩き始めると、おばあさんに出会ったので小原峠のことを聞いてみると、「もう道はないやろ」という返事が返ってきた。昔はよく小原峠を越えて河内に出たと話してくれた。椋川からでは朽木に行くより峠を越えて熊川に出た方が早かったのだろう。

今年の冬の訪れは早い。一二月の中旬だというのに、もう道にも雪が積もり、笹ヶ谷の家々も雪をかぶっていた。つるつるに凍った道に注意しながら小原谷へと急いだ。

支流に入ってしばらく歩いたところで右岸に小原谷

の集落跡らしきところがあった。家の跡はわずかに形をとどめているが、もう形跡はほとんどなく、それも雪で隠されていた。『近江の峠』で見た小原谷の写真の面影はどこにも残されていなかった。

林道終点にはジムニーが一台停まっており、谷の奥へと足跡が入っていた。狩猟の人のものだ。

雪が積もっているのでよくは分からないが、もう道もほとんど残っていないようだった。途中で歩きにくい谷を離れて尾根に取り付くと、ここには炭焼きの窯跡があった。上は藪の急斜面がふさがっていたが、強引に登って藪を抜け出した。

この登りでどっと汗をかかされたが、尾根は次第に歩きやすくなっていった。稜線に出ると、河内側の谷が望め、冷たい風が吹いていた。峠を確認しようと稜線を北に少し歩いてみたが、峠の形跡らしいものは何も見つけられず、反転して南へと向かった。遠くでは先行していた足跡の人か、銃声が聞こえていた。

ほとんどが植林地の江若国境尾根

江若国境を形成するこの尾根からは、右前方に駒ヶ岳付近が木々の間からのぞいている。駒ヶ岳周辺ではブナ林が多く残されていたので、このあたりも少しはと期待していたのだが、ほとんどが植林地や一度伐採された雑木林だった。

稜線は踏み跡が続いていた。小さなアップダウンがあってから、ゆったりとした登りが続くのだが、今シーズン初めての雪山なのでそのペースが頭の感覚に入っていないのか、六二八メートルピークをその先の六九三メートルと間違ってしまい、少し下ってから、別の尾根の先に横谷峠の車道を見つけて、このピークが六二八メートルピークであることに気が付いた。思ったよりも進んでいなかった。地図読みがあまりにいい加減過ぎたのだが、間違う時はいつもこんなものだ。登り直して南西に延びている尾根を確認してから昼にした。

続いていた足跡もなくなったが、のんびりとしていた分を取り戻そうと懸命に歩き、思ったよりも早く六九三mに着いた。今度はしっかりと確認してから南に延びる尾根を辿った。

雪の登りはつらいが下りは早い。横谷峠は切り通しなので、右に振って小さな谷を下った。最後はかなり急な落ち込みで、流れにはシカの頭蓋骨が落ちていた。林道に出合うところはコンクリートの大きな桝《ます》が作られて簡単には林道に下りられず、横の木をつかんで飛び降りた。この桝を覗くと、ここにも一頭の白くふやけて腐乱したシカの死体と、もう一つ頭蓋骨が転がっていた。

　峠からは谷間のＶ字の奥に大きく、武奈ヶ岳と白倉岳がかすんでいた。山を終わってほっと一息ついた時の遠望は何ともいえず心地よいものだ。

　長い車道を下り、暮れゆく椋川の広い谷間をゆっくりと歩いた。集落の家々はひっそりと静まり、広がる田んぼを囲む山々は淡い青灰色に沈み始めていた。

登山メモ

●駒ヶ岳の尾根続きにあるので美しい自然林を期待して登ったが、ほとんどが植林地で、無雪期は避けた方がいいだろう。
●椋川の笹ヶ谷を基点とすれば、周回できる。
●登山者はほとんどなく登山道もないので、読図力が必要なコース。
●小原峠は廃道となっている。横谷峠は車道が越えており、峠は深い切り通しとなっているので、峠に下りてくる場合は注意したい。

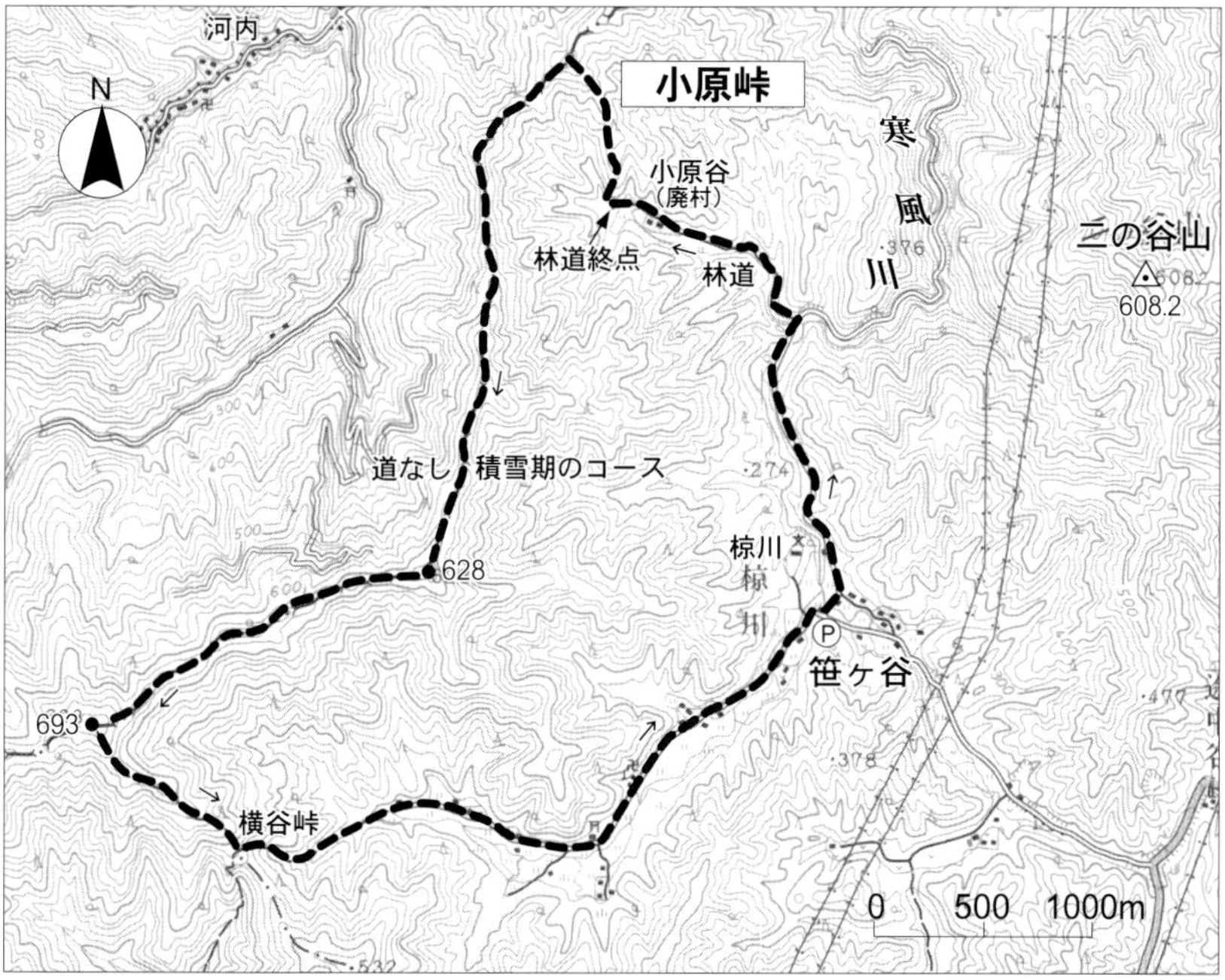

駒《こま》ヶ《が》岳《たけ》　明神谷道《みょうじんだにみち》

△七八〇・一m
MAP　古屋・遠敷

コースタイム●明神谷白石神社（50分）林道の尾根取付き（1時間20分）稜線（1時間20分）駒ヶ岳（1時間45分）白石神社

1

2

写真
1　明神谷から尾根を一登りしたところで出合った小さな池。
2　駒ヶ岳の稜線でミズナラの巨樹と出合う。
3　霧にけぶる駒ヶ越のブナ林。いつもとまったく違った風景。

ブナ林が素晴らしい県境尾根

河内からの駒ヶ岳はかなり以前に一度登っていた。河内の集落から谷を真っ直ぐに詰めて登ったように思うが、もうすっかりと忘れてしまっており、頂上がどんなだったかも記憶になかった。あれからもう三十年近く経つ。

今、昔の山行を思い返してみると、谷を詰めて登ることが多かった。尾根の藪を避けてのことだろうが、今はほとんどが尾根に取り付いて登っている。尾根の方が安定して歩きやすいのである。では、昔はなぜ尾根を歩かなかったのだろうかと思い返してみると、必ず出合う伐採・植林地に思い当たる。

藪で一番嫌なのは、自然の状態では根曲がり竹の密生した中やハイマツの藪漕ぎだが、近郊の山で多かったのは、伐採・植林後の下刈りのされていない斜面だった。陽がよく当たるので、とげのあるいばらも多いし、最悪の場合は背丈ぐらいの高さにつるが覆っていることがあった。当時は今と違って、あらゆるところで伐採し、植林が行われていた。北山あたりでは木馬道も残っていたし、とにかく伐採地と出合うことが多

3

かった。運がよければ下草を刈った直後の斜面を思いがけず快適に歩けることがあったが、伐採地のヤブにあたるのが嫌だった。

ところが今の山は、伐採や植林の作業が行われているのに出合うことはほとんどなくなってしまった。当時の伐採地は現在では下草もあまり生えない立派な杉林に成長しているところが多い。だから今は植林地でも一度伐採された斜面でも植生は落ち着いており、道がないといっても、大抵の場合はそう苦労しなくても歩けるので、自然に歩きやすい尾根を選ぶようになったのであろう。

駒ヶ岳は最近になって何度か歩いているが、いつも木地山側からだった。昔、若狭側から歩いて以後、河内から林道が尾根の上までつけられ、森林公園として整備されたと聞いていたが、若狭側からはそれっきり歩いたことがなかった。現在では河内のダム建設計画の影響で、森林公園も閉鎖されているが、しっかりとした登山道は健在のようなので、若狭側から再訪してみた。

森林公園として整備された時に、県境尾根を南に登山道が作られ、明神谷へと周回するコースができたようで、この道は木地山側から歩いた時に確認していた。県境尾根はブナの林が素晴らしく、強く印象に残っていたので、初めての森林公園の道と緑の季節の県境尾根を併せて歩いてみることにした。

若狭側の明神谷林道から歩く

河内の集落もダム建設で移転していたし、うっすらと憶えている、風情のある木造三階建ての温泉宿もなくなっていた。そういえば河内の家も茅葺きだが特徴のある家並みが続いていたように記憶している。

登山口の白石神社に車を置いて明神谷の林道を歩いた。明神谷から県境尾根へと登る道があるはずだが、そのコースが分からないので、林道が鋭角にカーブしている地点から尾根に取り付いた。このまま登れば、県境尾根上にある池の南側に出るはずで、季節を変えてこの池を訪ねることも目的の一つとしていた。

自然林の尾根を楽しむ

尾根の取り付きは地図で見るとおり急な斜面だったが、少し落ち着いたところで、小さな池に出合った。このあたりまでは植林地があってその境目を登ったのだが、ここから上部は緑の美しい自然林が続いた。ブナの大樹も多く、特に一本のミズナラの巨木が目についた。県境稜線まで藪にも煩わされることなく、自然林の尾根を楽しんで歩いた。

稜線の池は以前よりうんと水量が少なかった。水が溜まっているのはほんの一部分で、その上の木には、モリアオガエルの卵を包んだ泡がぶら下がっていた。ブナやミズナラに包まれた森の静けさは同じことだが、早春と初夏の季節の違いは、森の雰囲気を大きく変え、また紅葉の頃も訪れて見たくなった。

ブナの尾根を辿って駒ヶ岳まで歩いた。ブナの森は春から初夏にかけてが一番美しい。林床にはギンリョウソウが、落ち葉を割って顔を出していた。

頂上を往復してから若狭側の尾根へと入った。しっかりとした道で、しばらくは自然林の美しい尾根が続いたが、道が二重山稜状の窪みを挟んだ左の尾根に移るころから、植林地が現れてきた。そしてもう少し下ると車道と出合った。

ゆるやかな尾根上には森林公園の車道が続き、やがて駐車場から再び登山道となり、急な道を下ると白石神社に着いた。

登山メモ

●登山道はかなり以前に整備された道だが、白石神社から森林公園の尾根を登って、頂上までの間はしっかりとした道が続いている。頂上から南東の県境稜線に続く道は歩く人も少なく、踏み跡程度。道の最後まで歩いていないが、明神谷の林道へと続いているようだ。白石神社には駐車スペースがある。

●南東の県境稜線は大きなブナの広がる美しい林があり、近辺では、大日周辺と並ぶ貴重なブナ林が残された山。

●河内谷がダム建設工事のため、森林公園は現在閉鎖されている。

ブナが並ぶ初夏の駒ヶ岳の稜線。

駒ヶ岳《こまがたけ》　池原山《いけはらやま》

駒ヶ岳△七八〇・一m
池原山△六〇五・四m
MAP　古屋

コースタイム●木地山（2時間）駒ヶ越（10分）駒ヶ岳（1時間45分）744m（30分）池原山（40分）熊の畑

写真
1　明るい日差しがふりそそぐ早春の焼尾東谷。
2　駒ヶ岳東南の稜線に浅い池が広がっていた。
3　ブナの大樹を映す山稜のヌタ場。

1

2

ブナの山旅が楽しめるコース

木地山から山越えをする峠道は数本あり、そのいずれもが藪に閉ざされていたのだが、近頃では歩く人も多くなり、次第に道もしっかりとしてきている。

木地山と福井県の河内を結ぶ駒ヶ越もその一つで、やはり谷の上部で道は閉ざされているが、稜線には旧峠道ではないものの、よく整備された登山道が河内側から登ってきており、北の駒ヶ岳や南の稜線には踏み跡も開けている。しかもその稜線はブナの大きな木々が残り、美しい樹林の道が続いている。これだけのブナ林が残る稜線はこの辺りでは限られており、あまり注目されてはいないが、貴重な山域といえるだろう。

木地山を起点とすれば、駒ヶ越から駒ヶ岳往復、北へと稜線を辿り木地山峠へと巡る周回コース、南の稜線を辿って池原山から熊ノ畑へと下るコースと、いずれのコースも踏み跡程度だが、ブナの山旅が楽しめるコースである。

駒ヶ越は駒ヶ岳へと登る人たちの登山ルートとなっており、近年この峠道の踏み跡も次第に確かになりつつある。まだまだ一般コースと呼ぶには頼りない道だ

3

が、このコースを登る人は次第に増えてきているようだ。昔は木地山と福井県の河内とは交流も深かったらしく、河内にはよく遊びに行ったと、木地山のお年寄りが話してくれた。また道沿いには炭焼きの窯跡も多く見られるので、集落間をつなぐ峠道としてばかりではなく、炭焼きの盛んな頃は山仕事の道として相当歩かれていたことだろう。

駒ヶ岳へのルートとしては、福井県側からの方が登山道も整備されているが、木地山側の焼尾東谷は樹林が美しく、谷には随所にトチの老樹が枝を広げている。また駒ヶ岳の頂上から南東へと延びる県境稜線は、ブナが続く美しい林が残されている。踏み跡も続いているので、池原山への支尾根を下れば、自然林を楽しむ素晴らしい周回コースがとれるのも魅力である。また稜線途中には複雑な地形に池が開けている。池原山とは少し離れてはいるが、この地名との関係も考えられそうだ。そうした地形を読みとったり想像したりと、地図への興味を湧かせてくれるゲームのような楽しい山歩きだった。

焼尾谷から入る

焼尾谷は入って少しの間は杉林だが、東谷、西谷の分岐を過ぎると自然林の中に入る。春浅い谷は茶褐色の色彩が広がるモノトーンで形成されているが、陽光がいっぱいに差し込む明るい空が広がっていた。水量豊かな流れは光りにきらめき、林床にはエンレイソウが大きなみどりの葉を広げていた。

流れの横には炭焼きの窯跡が多い。四一八《メートル》地点の二俣にも雑木林の斜面の下に炭焼きの窯跡があり、ゆっくりと腰を下ろしたくなるようなところだった。晴天の下では何もかもが開放感に溢れ、心地よく感じる。

この杣道はさらに奥へと入った最後の二俣でぷっつりと途切れた。二俣の間の尾根に赤布があり、この尾根を少し登ってから右に谷へと下りた。ここにも炭焼き窯が残されている。谷通しには滝があるので、あとは急な小さな尾根の登りやすいところを選んで登るだけだ。駒ヶ越という名前からは馬が越えた峠道を想像するのだが、この辺りの斜面は馬が越えるには急すぎるように思える。

ブナの大樹が続く尾根

登りきったところは大きなブナが続く緩やかな尾根であり、小さなヌタ場があった。左へ進むとすぐに福井県の河内へと下る道の分岐がある。ここが駒ヶ越の峠にあたるところなのだろうか。さらに少し登ると駒ヶ岳の頂上に出た。

頂上は東側が眺望がきくように伐採されて、明るく開けている。反対側は木々に囲まれているが、その間から端正な百里ヶ岳の姿が見えていた。

尾根を南へと歩いた。この県境尾根には踏み跡が続いているが、歩く登山者は少ない。葉の落ちた季節なら問題なく歩ける道で、しばらくはブナの大樹の続く尾根だった。意外な素晴らしい尾根にゆっくりとブナの道を楽しみながら歩いた。特にゆるやかに尾根が南から東へと振る途中にある、池の周辺が良かった。この辺りから滋賀県側が植林されているのが残念だが、ブナやミズナラの林が包む、ゆったりとした起伏の中に池が広がっている。

県境尾根は少し荒れた感じとなり、七四四《メートル》ピークまで歩いて尾根を南へと下る。踏み跡があり池原山の三角点から南西に真っ直ぐに延びる尾根を下った。下りだけに分かりにくかったが、最後は熊ノ畑の一軒の家が建っていた跡地に出た。

登山メモ

●駒ヶ岳の近江側は駒ヶ越の道が登路となる。駒ヶ越の道も踏み跡程度で、最後の二俣で完全に道はなくなっている。二俣の真ん中の尾根をいったん登ってから右の谷へと下ると炭焼きの窯跡に出合い、ここから詰めの斜面を適当に登る。稜線は福井県側の森林公園からの道があり、頂上まではよく踏まれている。

●東南に延びる県境尾根には池があり、この池を過ぎてから七四四《メートル》ピークまでは荒れ気味。池原山への尾根も踏み跡程度なのではずさないようにしたい。とくに下りの場合は要注意。下りきった熊ノ畑にあった一軒家はなくなっている。

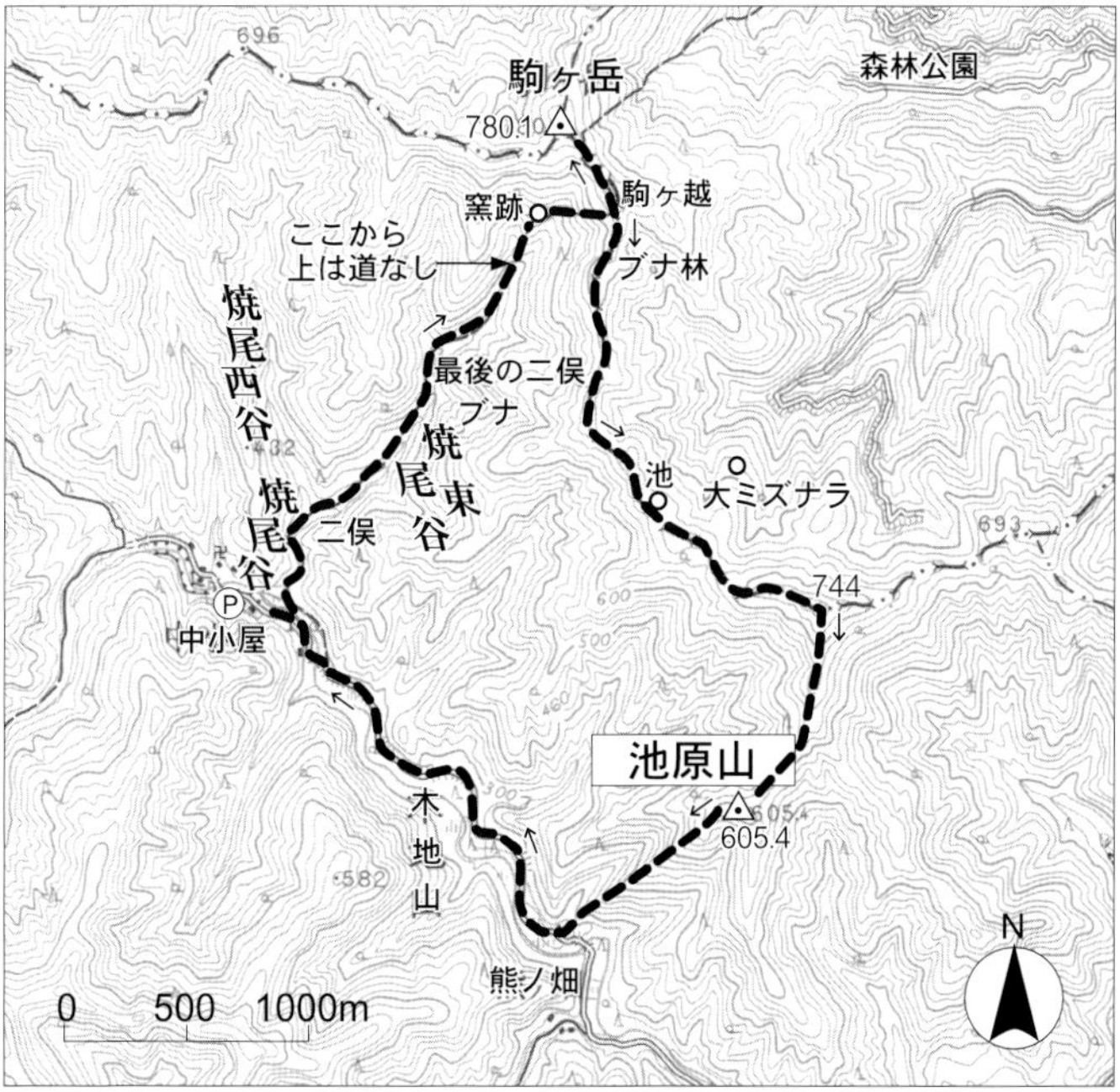

木地山《きじやま》～八二五m・七六五m

・八二五m
・七六五m
MAP　古屋

コースタイム●木地山（1時間45分）木地山峠（30分）825m（50分）765m（1時間40分）木地山

写真
1　八二五m峰の東の稜線、明るいブナの尾根が続いていた。
2　伐採時のワイヤーがくい込んだままのブナ。
3　稜線のすぐ下広がる谷の斜面の炭焼き窯。木は成長し窯をおおうよう根が包んでいた。

1

2

尾根や谷に残る多くの窯跡

木地山集落を中心に半円を描くように囲んでいる、江若国境尾根を何度か歩いてみたが、ブナの多い美しい林が残されているのを見てうれしかった。とくに駒ヶ岳を中心にした南北の稜線は見事だった。ブナの林は下生えもほとんどなく、道など関係なしに自由に歩ける開放感が何ともいえず、晩秋と早春の明るい林の中で〝一日の王〟となった悦びに浸った。

先に春の芽吹きの前、駒ヶ岳から南に歩いて池原山を巡って熊ノ畑に下りた。大きなブナの連なりに気をよくしていたので、駒からの北側も期待していたのだが、思ったとおりの素晴らしい尾根だった。

それとこの山ではもう一つの目的があった。駒ヶ岳の北を越えていた池の河内越の峠を確認することだった。しかし、それらしきところを歩き回ってみたが、峠も峠道もまったく分からなかった。

木地山に下りてから聞いたのだが、峠道が歩かれていた頃は、炭焼きが盛んで、池の河内側の人たちが木地山側へと峠を越えて、炭焼きにきていたという。しかし今では峠道の跡はまったく分からなかった。峠だ

3

ったと思われるあたりの林には明るい秋の光りが充満し、周辺では幾つもの窯跡が落ち葉の中に埋まっていた。

木地峠から二つのピークへ

木地山峠付近は県境尾根を境にして、福井県側はブナを中心とした林、滋賀県側は杉、檜の植林地と、見事に分かれていた。県境尾根は峠から北上し、八二五メートル付近で九〇度東に振っている。八二五メートルまではかなり急な登りで、大きなブナが点在し疎林となっている若狭側を主に登った。

木々の葉もほとんど落ちた今は、褐色の落ち葉に埋まった明るい林床が見通せ、こんなブナの林を歩くのには最もいい季節なのかも知れない。

八二五メートルピークあたりで昼食にした。気持ちのいい明るい林の中ではゆっくり体を休めたくなる。この大切なひとときでは、たとえコンビニのおにぎりの昼食でも、贅沢な気分になるものだ。今日は駒ヶ岳まで行けたらと思って歩き始めたが、もうここで諦めてしまった。

昼を終え歩き始めてすぐの八二五メートルの若狭側斜面で

また道草をくってしまった。谷の源頭部に広がった地形とブナの林が美しく、そのまま通過するのが惜しくなって、斜面を歩き回った。すぐ下ではシカがさかんに警戒して鳴いていたが、たまらず飛び出して走り下った。

もう少し下ってみると早くもわずかな流れが集まっており、そのすぐ横には一基の炭焼き窯が小さな平地を作っていた。窯の中には木が大きく成長していたが、この窯が使われなくなってもう何年になるのだろうか。前方に谷の源流部が浅く開け、何とも気持ちのいいところだ。満点の星空の下で炭を焼き、傍らでは一人の男が焼酎を飲みながら見守っている。私の街とは同じ夜空の下にありながら、この深い山中には別の世界が存在しているようで、時空を超えた空想の中に入りこんでいった。

八二五メートルを下ると右の近江側も自然林となり、稜線はすっかり歩きやすくなった。緩やかなアップダウンで実に快適な尾根歩きだ。しかし次の七六五メートル付近のゆるやかなピークにかかり始めると、また灌木帯となり、稜線は一〇〇メートルほどの間二重山稜を形成していた。灌木の中はヌタ場のように水がたまっていた。地形図ではとても表現できないようで、地図ではまったく読みとれないところである。

この緩やかなピークを下ったコルあたりが、池の河内越の峠があったはずなので、稜線の両側を歩いてみたのだが、道跡のようなものは発見できなかった。このコルにも窯跡があり、明るいブナの美しい林の中には、午後の傾き始めた光が、一面に敷き詰められた落ち葉の上にふりそそぎ、林の中は明るいオレンジに染まっていた。

コルからトラバース気味に進み、木地山の集落に向かって延びている尾根に乗り、尾根通しに下った。尾根には以前に伐採、植林された時の踏み跡が残っており、ところどころで藪がかぶるものの、快適に下れた。

かなり下った頃、二本の常緑の老樹が大きく枝を広げており、人里に近くなったことを感じさせた。さらに下ると朽ちた鳥居が立っていたが祠はなかった。ほとんど歩かれている形跡はないが、昔はこの付近までが集落の生活圏だったのだろう。

左の谷に林道が見えたので林道を下ると、もう木地山はすぐだった。

登山メモ

●八二五メートルピークは美しいブナの疎林の中。

●木地山峠への道は最近整備されよくなっているが、上部で一部分かりにくいところがある。

●峠から八二五メートル・七六五メートルをへて木地山へのコースは登山道はないが、稜線は一部を除いて、下生えも薄く、歩きやすい尾根といえる。旧池の河内越の道もまったくの廃道となっている。木地山への下りは尾根を辿るが伐採、植林時の仕事道が残っている。

●駒ヶ越から駒ヶ岳、八二五メートル、木地山峠、木地山と巡る周回コースも充分日帰りできる。ブナ林を往く素晴らしいコースとなる。

木地山峠からの登り、大きなブナが並んでいる。

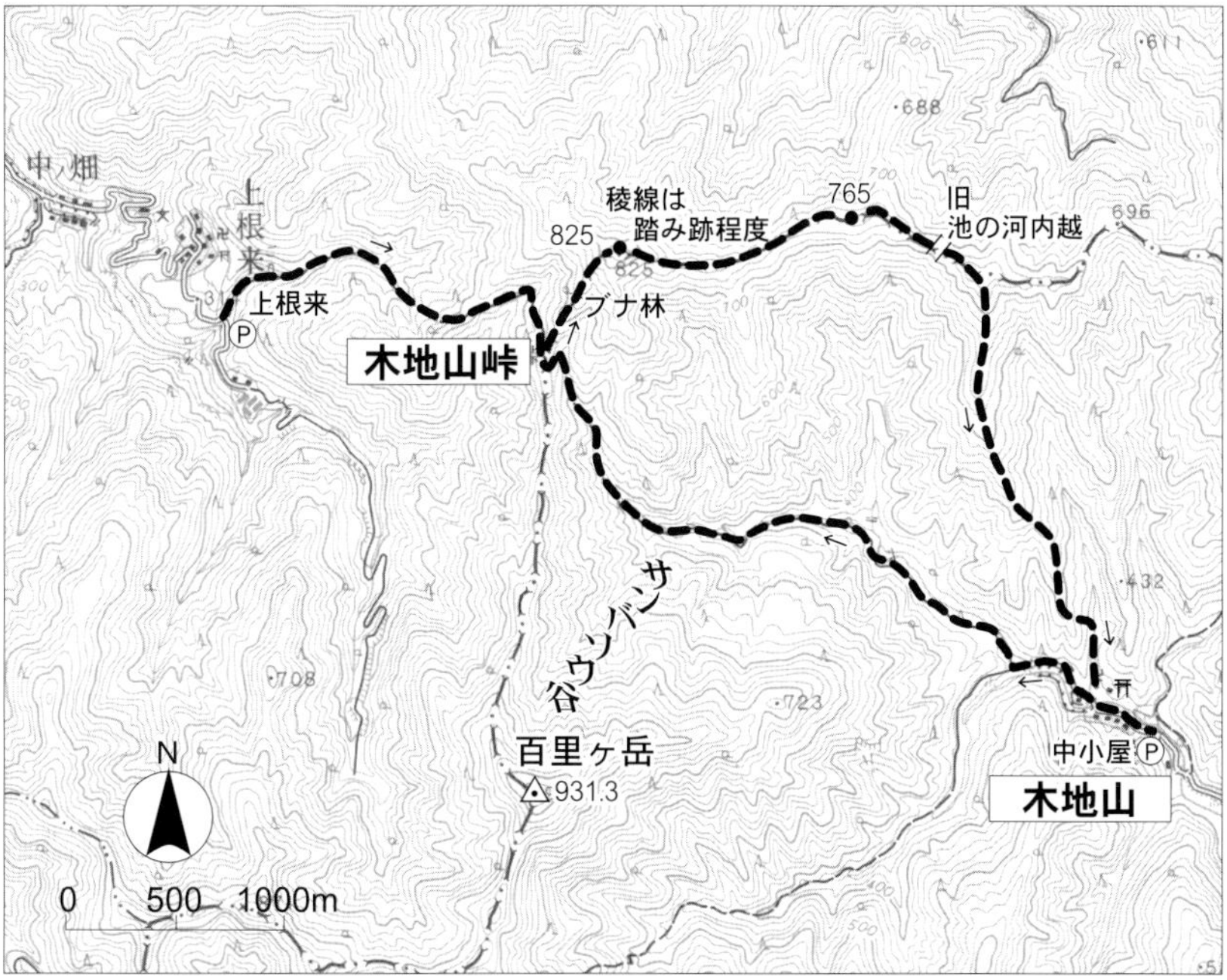

木《き》地《じ》山《やま》峠《とうげ》

MAP 古屋

コースタイム●木地山（1時間45分）木地山峠●上根来（1時間30分）木地山峠

写真
1 紅葉の木地山峠には早くもうっすらと雪が積もっていた。
2 峠道の若狭側にある広やかな谷間、気持ちのいいところだった。
3 秋の木地山の峠道。流れと彩りが峠歩きを盛り上げる。

1

2

近江の木地山と若狭の上根来を結ぶ峠

木地山峠は近江の木地山と若狭の上根来《かみねごり》を結んでおり、昔は峠をはさんでかなりの交流があったようだ。木地山の人に聞いても、

「昔はよう越えたもんや」

「上根来まで四〇分で行った」

と話してくれた。

しかし私の知る頃には荒れていて通る人もあまりいなかったように思う。

この峠道はいつ頃まで使われていたのだろうか。昭和二〇年代から三〇年代にかけて、エネルギーが石油を中心としたものになり、国中が大きく変わっていったが、特に奥深い山村の生活には、大きな荒波となって打ち寄せたことだろう。山は炭焼きもなくなり、木々は皆伐されて杉や檜の単一樹種に植林されていった。村の人たちも山へ行く仕事もなくなり、この頃を境いにして山越えの峠道は荒れていった。

初めて木地山を訪れたのは昭和四〇年代で、サンバソウ谷から尾根を登って百里ヶ岳へと歩いたのだが、一帯は伐採・植林がされていて、猛烈な藪漕ぎに苦し

3

められた思い出がある。現在、ほとんどが植林帯となっている木地山峠道沿いも、同じ頃に伐採・植林が行われたのだろう。

　この木地山峠道も近頃整備されて、歩く人も多くなってきており、私が歩いた日にも数パーティの登山者と出会っている。

　木地山のはずれで谷は分岐し右に入る。左はシチクレ峠へと登る南谷だ。右に入ってからすぐまた道は分かれて左に入るのだが、この付近で林道は終わって右岸側斜面の細い山腹道となった。山腹は杉の植林が続いているが、谷芯はトチの巨樹が残されていた。トチの実は救荒食ともなるので、残されたのだろう。

　サンバソウ谷の分岐でサンバソウ谷に少し入ってから斜面をのっこして本谷に戻り、また山腹道が続いた。道はそんなに良くはないが、最近手を入れられているようだった。谷の流れに戻ったところには、昔の伐採作業の機材が放置されていた。

　流れから再び左岸側の斜面の道となって最後の二俣で流れに下ったところから尾根に道は登っていった。ここは昔の面影を偲ばせるような道だったが、ここまでは植林の中ばかりで、昔の峠道を辿っているのかどうかも、ほとんど分からなかった。

最後は斜面を大きくターンして峠に登り着いた。峠は新しい祠があり、石の地蔵様が鎮座している。木地山側は杉林だが、若狭側は雑木林一色で、若狭の海をイメージするような明るい視界が開けていた。

上根来から木地山峠へ

木地山峠の若狭側は歩いたことがなかった。歩く前は実はあまり期待をしていなかったのだが、歩いてみると峠道はほとんど昔のままに残されていた。この峠道との出合いは、無くした大事なものがひょっこりと出てきたような気分で、大事に大事に、ゆっくりと楽しみながら歩いた。

峠道の登り口にある上根来は、谷から一段上がったゆるやかな斜面に形成されており、特有の地形の中にある美しい集落だ。一段下にある学校はもう廃校となっているが、ここも山の学校らしい雰囲気を留めていた。

朝の上根来の集落は物音一つせず、眠ったように静かだった。家々の間を登り、神社の横を通って、畑の横のシカ除けのためか、戸のように閉ざされた柵を開けてから峠道は始まった。

最初は谷に沿った杉林の山腹の道だが、流れに下り右俣をしばらく歩くとまた分岐となり、ここで右の谷に入ってから左に切り返しながら小さな尾根を登るようになった。二万五千図の破線路では谷を登っている。

この尾根道は掘り込まれ、雑木林の美しい落ち着きのある古い道でこれが昔の峠道に間違いない。やがて大きな尾根に合流し、峠道はこの尾根を登りながら山腹道となって右へ谷へと下って行く。もうあたりは谷の源流に近く、流れを渡ってからまた山腹を斜めに登るように道は続いている。実に歩きやすく上手く作られている。

登り始めるところは右側は杉が植林されているが、左斜面はトチなどの大樹に包まれた開けた谷間で、緩やかに傾いた斜面の真ん中には炭焼きの窯跡が残されていた。何とも気持ちのいい谷間で落ち葉を踏む音だけが響き渡っていた。こんな地形との出合いこそが、山歩きの素晴らしさ、楽しさだと実感するし、ここで炭を焼いていた山人の心の中までが少し覗けたようだった。

もう峠も近く斜面をジグザグを切りながら登って行

くと、大きなブナの明るい林が開け、峠に着いた。峠の近江側の暗い杉林を見て、若狭側の峠道の樹林の美しさをつくづく感じた。

登山メモ

●峠道は滋賀県側、福井県側とも整備されている。

●福井県側の登り口の上根来からは、民家の横から登り始めるのだが、集落の端の峠道の登り口に動物除けの戸が設けられている。

●福井県側の峠道は二万五千図によると、谷沿いの道の二つ目の二俣から右俣の谷に沿って破線が描かれているが、この二俣から道は左へと尾根を登っている。谷、尾根、山腹と複雑に道は続いており、単調な滋賀県側よりも楽しい道。

●日帰りでは交通の便が悪く、峠道を越えることは難しいので、往復または南北の稜線を辿って周回するコースとなる。

＊「登路図」は一〇五ページ参照。

木地山峠道，若狭側を行く。

百里《ひゃくり》ヶ《が》岳《たけ》

△九三一・三m
MAP　古屋

コースタイム●木地山峠（1時間15分）百里ヶ岳（2時間）小入谷越

写真
1　百里ヶ岳から根来坂への下り、ブナの紅葉が見事だった。
2　木々の紅葉と雪の斜面の鮮やかなコントラスト。
3　百里新道からの新緑の百里ヶ岳。どこから見ても形のよい山。

1

2

山名にひかれる山

百里四方が見渡せるという、この名前に惹かれて訪れる人が多いのではないだろうか。文字から受けるイメージどおりの感覚で名づけられたのか、それとも単なる当て字なのかは分からないが、以前は道もよくなくて、その名前のような遥かな山であった。しかし最近では道は整備されて登る人も多くなり、さらに車という交通手段が身近になって遠い山ではなくなった。

　しかし、奥深い山であることには変わりなく、千メートル以上の山のない湖西北部（比良山系を除く）では、九〇〇メートルを超す数少ないピークのうちの一つの貴重な山である。

　この山の山稜の両側には木地山峠と根来《ねごり》坂があり、どちらの峠からも道が付けられ、若狭側の上根来、近江側の木地山、小入谷など数方向から登ることができる。それに小入谷越からは百里新道という新しい登山道もできている。以前は木地山峠と根来坂の両峠道自体も荒れていたのだが、近頃ではどこも整備され登山道の豊富な登りやすい山となった。

　この山へは昔登ったきりで、長い間登ったことがな

3

かった。ルートは木地山からサンバソウ谷を登ったのだが、ひどい藪に苦しめられて、午後遅くやっとの思いで頂上に辿りついたことを思い出す。まだ百里新道もなく、根来坂の手前のピークでビバークして、翌日、根来坂を若狭の上根来へと下ったことを憶えている。小入谷への近江側の峠道も藪がおおっていたし、麓に下りるにも若狭側へと下る方が便利だった。当時はアプローチに車を使うこともなく、電車、バス、タクシーを乗り継いでの登山で、県内の山であっても、感覚的には今より遙かに遠い山だった。それだけに時には相当な距離を歩き通すこともあり、その当時の山の数々は、現在の山より遙かに深く脳裏に刻まれている。

上根来、木地山、小入谷の三方向からの登山コースの中でも、若狭側の上根来を基点とした木地山峠、根来坂を周回するコースが私のお薦めで、峠道は昔の雰囲気を残す素晴らしい道だ。昔から歩き続けられている峠道は、次はどんな風景と出合えるのだろうかと期待にあふれ、歩くという行為が楽しくなってくるのである。

根来坂の方はほとんどの部分で昔の道が歩けるものの、上部で林道が並行し峠道を横断しているのが残念だ。一方の木地山峠の若狭側は植林地も少なく、山に暮らした人々の息づかいが感じられるような道である。特に道の付け方が合理的で、巧みに山肌を縫いながら登って行くそのコースは、美的な造形さえ感じさせる道だった。

木地山峠と根来坂の稜線から百里新道へ

根来坂と木地山峠の両峠道は独立した項目を設けたので、ここでは稜線部と百里新道の印象を書いておきたい。

根来坂と木地山峠間の稜線は、百里ヶ岳山頂から木地山峠までが、以前はしっかりとした道がなかったようだが、現在では快適に歩ける道が通じている。

木地山峠から登る百里ヶ岳への稜線は、左の近江側が植林帯、右の若狭側が自然林となっている。左のサンバソウ谷の植林地は、昔、藪に苦しめられたところだが、当時は植林されてから日も浅くて日当たりが良かったのだろう、いばらの藪が猛烈だったのを記憶している。

峠近くの登り始めはまだ雑木林だが、登るにつれてブナが中心の林となり、笹の下生えの中、ブナの疎林を縫って登る道へと変わって行く。一方、近江側の斜面は一面の植林で、木地山から上がってきている林道が頂上に接近し、間近にのぞいているのが残念だ。

頂上は笹や樹林に囲まれたかなり広い平地となっており、山名とは違ってそんなに眺望もよくない。ここ数年で三度ほど訪れているが、頂上はいつも人が多く、随分と身近な山になったと実感した。先年登ったときには紅葉の美しい頃で天気も良かったのに、早くも積雪がありゆっくりもできないような寒さだったが、数十人の人で溢れるようなにぎわいだった。

根来坂への稜線はしばらく急な下りだが、若狭側は立派なブナが並ぶ落ち着いた道が根来坂まで続いていて道もよく踏まれている。そしてこの稜線の途中で左に百里新道のある大きな尾根が分かれている。百里新道は一番よく歩かれている道で、ブナの林が続く静かな道だ。

稜線から急な尾根を下るとシチクレ峠がある。峠から左に南谷を下ると木地山に出られるが、私はまだ歩いたことがない。

峠を過ぎて登りにかかると背後に百里が姿を見せる。カッコいい山だ。あとは小入谷越までしっかりとした道が続いており、雑木林の落ち着いた気持ちのいい道だった。

登山メモ

●しっかりとした登山道は三本ある。木地山峠、根来坂、小入谷越からの百里新道で、二本の峠道は滋賀県側、福井県側のどちらからも登れるので、コースとしては変化にとんでいる。最近よく登られているのが、根来坂から頂上、百里新道を巡る周回コースだろう。山頂は広い平地で、大きく刈り開かれている。

●福井県側からなら上根来を基点として、木地山峠、頂上、根来坂と周回できるコースがとれる。かなり距離は長くなるが、素晴らしいコースとなる。

●積雪期なら百里新道往復が登りやすい。

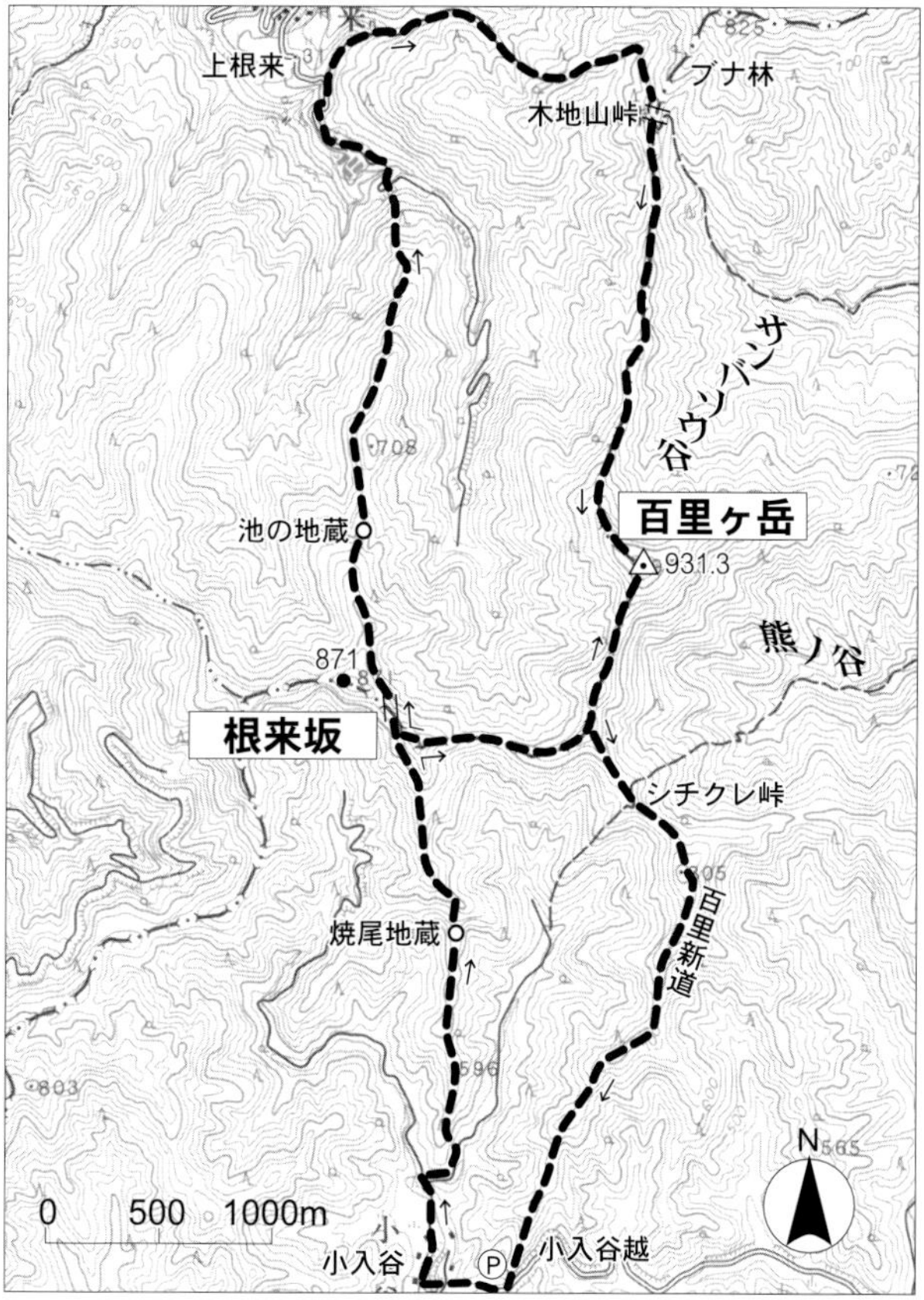

根来坂《ねごりざか》

MAP　古屋

コースタイム●生杉（1時間40分）根来坂（1時間50分）上根来

写真
1　早春の根来坂、いつまでも残しておきたい風景だ。
2　根来坂と向かい合う百里ヶ岳の尾根。
3　紅葉の中で雪となった峠道。低い山では初めての経験。

1

2

若狭と近江、京をつなぐ交易の峠道

若狭と近江、京をつなぐ道は、鯖街道という言葉が残るように、海産物を始めとした通商の道だった。何本もの山越えの道があるが、いずれの道も山襞を縫い、いくつもの山稜を越える道である。中でも根来坂は重きをなしていた峠道であったようだ。物品ばかりでなく、有形、無形のあらゆるものが越えているのである。

若狭越は遙か遡れば、遠い遠い過去にまでつながる道でもあるのではないだろうか。歴史として記録が残るようになったさらに昔、大陸から渡来した人々も日本海側の海岸に着き、これらの峠道を越えて各地に定着していったことだろう。それくらいの歴史の積み重ねがあっても不思議ではないように思う。峠道は私たちが考えている以上の役割を果たしてきているのである。

近江や丹波からの数ある若狭越の峠において、私には根来坂が一番思い出が深い。特に峠の若狭側はいまだに昔と変わらぬ道の感触を保ち続けている。先頃、木地山峠の若狭側を歩いてみたが、道を歩く心地良さがあり、根来坂と重なるものを感じた。

3

両峠道を歩いて思ったことだが、これらの峠道は起点となっている上根来という集落を抜きにしては、語れないのではないだろうか。

最近、上根来を訪ねてみたが、今の時代になっても以前とあまり変わらない落ち着きがあった。峠道のたたずまいというのは、ここに住む人たちが毎日のように山に入って仕事をし、できあがっていったものである。集落の様子や峠道があまり変わらないということは、住む人たちにとって幸せなことなのかどうかは分からないが、少なくとも通りがかった私には、安息の時間を与えてくれた。

峠道は、私たちが求めてきたものとは何だったのかということを、問いかけてきているようだった。峠道が荒れてきたというのは、山麓に住む人たちが山に入る必要がなくなったからであり、山を離れた人々の生活が垣間見えてくる山の村は、いつ訪れても静まりかえっている。

生杉から根来坂へ

根来坂の近江側は、以前は藪に閉ざされていたが、今は復活している。復活といっても林道を歩く部分があったり、林道により旧道から付け替えられている部分もあり、昔のままの峠道でないのが残念だ。

針畑川が源流で二つに分かれ、右の小入谷集落の先から峠道が始まる。小入谷《おにゅうだに》という名前も峠を越えた若狭の遠敷《おにゅう》とのつながりが考えられ、峠道の歴史の古さを感じさせる。

集落の先で林道は二つに分かれ、右に入ってすぐに左の尾根の末端から古い道が登っている。しばらくは雑木林に掘り込まれた峠道の感触を楽しむことができるが、やがて上がってきている林道と出合う。焼尾地蔵があり、新しいお堂が建てられている。私はいつ歩いたのかは忘れたが、昔の焼尾地蔵がかすかな記憶の中にある。以前もここまではよく踏まれていたようだが、これより上部が藪に閉ざされていた。

ここから旧峠道は現在進行中の林道によって寸断されており、道も付け替えを余儀なくされている。ところどころで旧峠道の雰囲気が味わえるが、結局は、近江側では登り始めの尾根へと取り付くあたりが、最も情趣を感じるところだった。

それに上部は伐採されているところも多いのは残念だ。しかし、峠自体はまったく昔の状態が保たれている。林道が越える峠はもう少し西側を越えており、若狭側をしばらく下ってから左側に林道を見る。

峠には石仏を祀った祠と、生杉《おいすぎ》周辺の峠にあるのと同じような石塔が少し高みにあり、若狭側へと下り始める道横に、ブナの古樹が大きく枝を広げ、見事な峠の風景を見せてくれている。

峠道の最も美しい部分が、この峠からの若狭側への下り始めの区間であろう。八七一メートル《メートル》ピークの右斜面を下り始めると、右に大谷をはさんでワイドな百里ヶ岳の山稜と向かい合いながら、しっかりと踏まれた尾根道を下って行く。落ち葉に埋まる足に優しいジグザグの道だが、この峠道を若狭側へと下った日は、紅葉の中なのに積雪があるという珍しい風景の中だった。一一月の初旬にこの付近の山に積雪があるというのは初めてで、雪に潜り込む靴が濡れるのも構わず、この幸運を心ゆくまで楽しんだ。

尾根の左側斜面に道が移ると、下に林道が見えてくる。この雑木林の峠道の感触を楽しめるのもわずかの間で、やがて杉の植林の中に入り池の地蔵と出合う。石仏の横には池の名前の由来となったと思われる井戸がある。峠を越える人々がこの地蔵の前で一服し、喉を潤している姿が目に浮かぶようだ。

峠道は残念ながらこのすぐ下でいったん林道に下り、少し林道を歩いてから左の谷側に、林道と並行して道が続いていく。左になだらかな台地状の斜面の美しい樹林広がっている。この先で林道は右へとターンして大谷に沿って下って行く。峠道は古道の風格を保って尾根に続いているが、植林地の中なのが残念だ。自然林なら歩いてきたさまざまな地点が断片的に記憶に残るのだが、単調な杉や檜の林ではすぐに記憶も薄れてしまう。

峠道の最後は、林道が山へとかかるヘアピンカーブとなっているところで林道に出た。畜産団地跡の開けた谷間の山稜のすぐ上には、淡く光る月が出ていた。

春の近江側の根来坂、静かな峠歩きを楽しんだ。

早春の根来坂，峠のブナ

登山メモ

●以前は峠道の滋賀県側が藪に覆われていたが、現在では昔の道が回復している。ただ、すでに林道の峠が旧峠の西側を山越えし、そのため一部新しい道に付け替えられたり、林道上を歩く部分もある。
●福井県側は大部分昔と変わらない道を辿ることができるが、池の地蔵の下で、一箇所林道を横断しなければならない。
●道の不明瞭な部分はなく、百里ヶ岳の登山道として利用されている峠道で、木地山峠とともに昔の風情を残した貴重な峠道といえる。特に紅葉期の若狭側は美しく、上根来から木地山峠、百里ヶ岳、根来坂と巡るコースは、峠歩きのエッセンスあふれる道。京への道として若狭越の道は鯖街道として知られているが、この根来坂もその一つ。
＊「登路図」は一一三ページ参照。

クチクボ峠・三国《みくに》峠・野《の》田《だ》畑《ばた》峠

三国峠 △七七五・九m
MAP 古屋

コースタイム●生杉（30分）若走路谷出合（50分）クチクボ峠（40分）三国峠（1時間50分）野田畑峠（45分）地蔵峠（25分）生杉休憩所（1時間15分）生杉

1

2

写真
1　クチクボ峠の石塔は半身が雪に埋もれていた。
2　ワカソジ谷の峠道、ミズナラの大樹のところで滝を巻いて行く。
3　緑に染まる峠の池。誰もいない静かな峠で腰を下ろす。

江若丹を分ける三つの峠をつなげて歩く

江若丹、三国を分ける三国峠の周辺には幾つかの峠道が越えている。クチクボ峠、野田畑峠、地蔵峠、杉尾坂などである。林道が越える地蔵峠は別にして、他の峠はいずれも半身不随の状態で、峠としての使命を終えている。しかし峠道としての用途は果たすことはできないものの、登山道としては、まだまだ輝きを放っている。

これらの峠が越える県境稜線の連なりの大部分は、京都大学農学部演習林の外周尾根となっており、豊かな森が広がっている。峠歩きプラス静かで美しい自然林の中を歩く、登山が楽しめるコースである。

この県境稜線はクチクボ峠から三国峠、野田畑峠、さらには足を伸ばして杉尾坂まで歩くことも可能で、全行程で稜線のどちら側かに、ブナやミズナラなどの自然林が続いている。

県境稜線へのアプローチとなる峠道は、クチクボ峠道がほとんどで伐採・植林されているものの、三国峠、野田畑峠、杉尾坂へと詰め上げる、枕谷、野田畑谷、上谷はいずれも原生の森に包まれた静かな谷々で、芦

3

生の森の中でも屈指の美しい谷である。三つの谷は由良川の最源流部を形成しており、どの谷もゆるやかに広がっている。この森の中では登山ということを意識しないで、自由気ままに歩いてみてほしい。

芦生の森では、同じ道を何度歩いても、まったくあきることがないし、いつも新しい発見がある。

谷にはブナやトチ、ミズナラの巨樹が太い幹を突き上げ、大きく枝を広げている。小さな流れは広く浅い谷間を気ままに流れ、林床は柔らかな落ち葉に埋まっている。枕谷の左俣の源流部や野田畑谷は、登山者が訪れることも少なく、私のお気に入りの場所となっている。特に野田畑谷は特異な地形をしており、県境尾根との高度差がほとんどないまま、源流まで並行している。最も接近しているところはわずか数メートルしかなく、簡単に流れまで下りられる。

緩やかな流れと、下生えのない明るく広がる谷の地形の美しさ、そして森でのさまざまなものとの出合いこそが、この源流部の魅力であろう。枕谷、上谷、野田畑谷はその代表的な谷であり、原生の森のエッセンスが詰まっている。

演習林では概して尾根歩きは谷と違って単調で面白

味に欠けるが、尾根を進むうちに何度も出合う、両側の谷の源流がその単調さを救ってくれる。だから坦々と尾根筋を辿るばかりでなく、時々は谷へと下りてみて寄り道をすることである。このコースでは、次々とそんな美しい谷の詰めの広がりを見ながら進んでいくことができる。

だからいつも予想以上に時間がかかってしまうのだが、時間がくればそこからそのまま下ってしまえばい い。もし時間があれば野田畑峠から杉尾坂まで歩いて、上谷を下ることも可能だ。途中にはシンコボという変わった山名の頂上もある。県境尾根から福井県側へと少しはみ出ているので、これも楽しい寄り道の一つとなるだろう。また、慣れればどこかを重点的に歩いて、あとは飛ばしていってもいい。

雪の季節も歩いてみたい。誰とも出会うことのない静かな森では、普段の森とは違った姿が見ることができる。踏み跡がなかっても、日帰りなら三国峠の頂上くらいは踏むことができるが、帰るルートのことをよく考えておく必要がある。あまり深入りすると普通は何でもない林道歩きでも、踏み跡がなければかなり辛いものとなる。

クチクボ峠へは生杉から、三国峠へは枕谷から

クチクボ峠への道は生杉《おいすぎ》から少し奥へ入ったところの、林道が大きくカーブしているところにある、ワカソジ谷を遡る。ほぼ植林されており、仕事道が峠まで続いている。一箇所滝の高巻きがあるくらいでおだやかな登りである。

昔の若狭へと越える道は、峠から県境尾根の若狭側をトラバースしながら続いていたのだが、もう廃道となっている。現在は県境尾根に道があり、長池で生杉休憩所からの道と合流して頂上に出る。急な登りだが、ブナが中心の落ち着きのある樹林の中だ。

三国峠へは枕谷の登山道を少し下りたところから、県境尾根に乗るのが分かりやすい。野田畑峠、そして杉尾坂までほぼ踏み跡が続いている。一部わかりにくいところもあり、地図を読める人だけのコースとなるが、そんなに難しいところはなく、存分に樹林の山旅を楽しみたい。

ところどころで谷の源頭の広がりと出合うが、枕谷左俣の詰めの斜面は特に美しい。それと野田畑谷のおだやかな流れとブナ、トチ、ミズナラの巨樹たち。源

流の谷はいつ歩いても森の感触がいつまでも後をひき、満ち足りた一日を締めくくってくれる。

登山メモ

●クチクボ峠と三国峠はひとつの峠道だが、野田畑峠は全く別の道。クチクボ峠道はクチクボ峠から若狭側の山腹を辿り、三国峠の肩を越えて若狭へと越える道で、現在では若狭側は廃道となっている。

●旧道は通れないが、稜線通しに三国峠、野田畑峠と踏み跡がある。コースとしては生杉を起点として、クチクボ峠・三国峠・野田畑峠と歩き、野田畑峠から野田畑谷、上谷を歩き地蔵峠を越えて生杉へと、周回コースができる。

●見どころは峠道と芦生の原生林で、とくに野田畑谷はブナやトチ、ミズナラの巨木が見られる。

＊「登路図」は一二五ページ参照。

野田畑峠への稜線、ブナのみどりが心地よい。

枕谷左俣の源流のコル、淡いみどりが開き始めた。

三国峠《みくにとうげ》

△七七五・九m
MAP　古屋

コースタイム●生杉休憩所（30分）地蔵峠（45分）三国峠（30分）生杉休憩所

写真
1　紅葉が青空に映える枕谷。
2　地蔵峠からの霧に包まれたトイワ谷。
3　生杉ブナ原生林の遊歩道。紅葉の美しい散歩道。

1

2

由良川を遡って最後に登り着く山

京都の市街地から延々続いてきた山並みは、この山で終焉を迎える。山稜はさらに東へと続いているが、ここは近江、若狭との国境であり、京都北山という感覚からすれば最も僻遠の山ということになるだろう。京都の市街地から遡れば分水嶺を越え、丹後の海へと流れ下る由良川の最源流に辿り着くのだが、車社会となった時代はそうした感覚を無視して、いとも容易に近づける手近な山にしてしまった。私にとっても三十年以前と今の三国峠とでは、別の山のようになった感じがしている。

生杉《おいすぎ》から地蔵峠を越えて演習林内へと林道が通じるようになったのはいつの頃かしらないが、その頃から車道が通じていたとしても、今のように車で山へ行くような時代ではなく、遠い山であったことは変わらない。バスを乗り継いで安掛まで行き、そこからトラックを頼んで荷台に乗り合わせて須後から入山したことを思い返すと、別の山のように感じるのも当然のことであろう。それだけに由良川を遡って登り着いたこの山頂には、今の数倍の喜びが重なっていた。

3

三国峠は小さいが、由良川を遡って最後に登り着く山として存在感がある。れっきとした山頂であるのに峠という名称は違和感があるが、周辺にあるブナノ木峠、傘峠、天狗峠などのピークにも、峠の名が冠せられている。いずれも山頂近くに峠道が通っており、峠的な意味合いを持っていることは確かである。三国峠も生杉からクチクボ峠、三国峠を経て若狭へと越える峠道が通じていたのだが、現在ではクチクボ峠から若狭側は藪に覆われ、峠としての役割は消滅している。

登山道はクチクボ峠から昔の峠道ではなく、県境尾根通しに頂上まで登っている。それと枕谷からと頂上から東へと延びる尾根の三つのコースがあるが、やはり芦生の原生林として知られる樹林の美しさを楽しむコースとしては、京都側からの枕谷が一番優れているだろう。どのコースをとっても歩行距離はしれているので、いろいろと寄り道をしてゆっくりと楽しみたいものである。

寄り道コースとして上谷や野田畑谷、由良川本流の長治谷出合付近など歩くところには事欠かないが、ぜひ歩いてみてほしいのが、須後から由良川本流を遡行するコースである。これは三国峠に登ることが寄り道になるのだろうが、このコースは芦生の森を知る最も素晴らしいコースであろう。

　京都府美山町須後から入るか京都市左京区広河原から佐々里峠を越えて入るかのどちらかとなるが、コースとしては一泊二日の日程となる。シャクナゲの咲く五月のゴールデンウィーク頃か一一月初旬の紅葉期が最も美しい時だろう。

　私は初夏の小雨模様のあまり天気が良くない日が好きだ。この頃はオフシーズンと思われているのか、人と出会うことが少ないし、何よりも谷の美しさが一番感じられる。渓谷は澄明な乾いた晴天の日より、じっとりとした湿潤な空気感の方が良く合っているように思う。霧雨に煙った谷間に重なり合う尾根の濃淡は、たまらなく美しい。

生杉から地蔵峠・演習林を経て三国峠へ

　三国峠へのメインコースとなる枕谷は由良川の最源流部の小さな流れである。生杉の奥の車止めのある生杉休憩所に車を置いて三〇分程歩くと地蔵峠に着く。ここが京都大学演習林朽木《くつき》側の入り口で、仮入林許可証を置いたポストがあり、この仮入林許可証に必要事項を記入してから林内へと入る。林道は左へと延びているが、真っ直ぐに浅い谷を下っている歩道へと入る。

　一瞬にして深い森となり、緑の中に続く小道に小さな流れが並行している。すぐ杉林の中となり右に支流が分かれるがこれが枕谷であり、湿地状の明るい谷間が開ける。道はこの流れを何度か渡りながら遡っていくが、ブナやトチの大樹に包み込まれており、何度歩いてもあきがこない。浅く広い谷間を小さく蛇行する流れはやがて二つに分かれ、次第に傾斜を強める。道はここで両俣の間の尾根に取り付いてから、右俣の斜面を巻きながら登るようになる。もう頂上も近く、流れもない枝谷を渡って尾根の急斜面を登ると、明るく開けた頂上に飛び出す。北、東、南と三方向に大きな眺望が開けており、深い谷から展望開ける頂上への変化もこの山の魅力の一つとなっている。しかし、この山では頂上は目的地でなく、山と谷と森を楽しむ一つの通過地点にすぎない。

　頂上直下の長池で県境稜線からクチクボ峠を下る道と、東尾根の生杉休憩所への道とが分かれるので、注意が必要だ。

登山メモ

●三国峠は峠と名前がついているが、峠ではなく山の名前。山頂の肩にクチクボ峠道が通っているからこの名がついたようだ。

●芦生演習林では最も手軽な山で、山頂の展望と枕谷の樹林の美しさは第一級。

褐色一色の長池、色づいた木々の葉も散り落ちた。

●三国峠のみを登る場合は、生杉休憩所から地蔵峠を経て枕谷を登るコースと、休憩所から直接尾根を辿るコースがある。休憩所から直接登る道が三国峠への最短コースで、一時間たらずの行程。生杉休憩所には東屋、トイレ、駐車スペースがある。

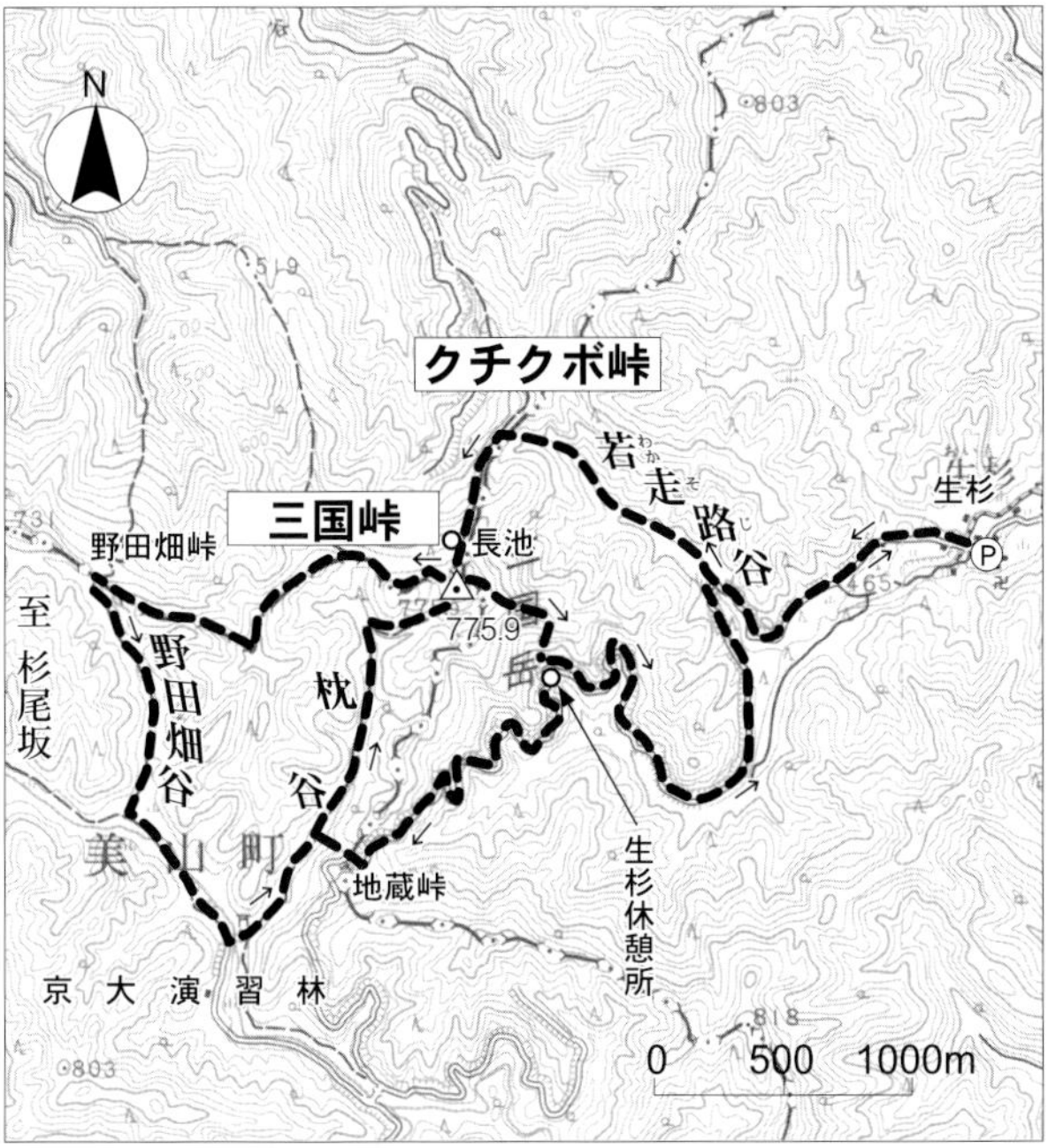

八一八m

・八一八m
MAP　古屋

コースタイム●生杉（2時間20分）八一八m（50分）北尾根から生杉林道（40分）生杉

1

2

写真
1　無理だと思われた八一八m頂上が視野に入った。
2　八一八m直下のブナの斜面を登る。
3　八一八m頂上に立つ芦生スギ。堂々たるスギの根元で昼食。

冬の演習林に近づく尾根

生杉《おいすぎ》から演習林の境となる県境尾根上の八一八メートルに至る大きな尾根があるのだが、生杉周辺をしょっちゅううろついていながら、登山のコースとしては一度も考えたことがなかった。しかし演習林との境をなす八一八メートルに演習林側から登ったのがきっかけとなって、生杉まで続くこの尾根が気になる存在となり、これ以後、生杉から地蔵峠への林道を歩くたびに、並行して県境尾根へと延びるこの尾根に目がいくようになった。

朽木側から冬の演習林へ入るのはなかなか楽ではなく、林道からの地蔵峠が唯一のコースのようになっているが、林道歩きは単調でラッセルも辛く、あまり楽しいコースではない。そこで林道以外から近づくコースとして、生杉から八一八メートルへ至る尾根を考えてみたのだが、実際に歩いてみると、雪の状態にもよるだろうがなかなか快適だった。尾根上に上がってしまえば直線で距離も短いので、八一八メートルピークは思ったよりも近く、冬の演習林へのコースとして、もっと歩かれていいルートではないかと思った。

3

八一八《メートル》ピークは地蔵峠の南東にあり、そんなに目立つ山ではない。生杉側は長い尾根を延ばしているが、演習林側は本流から小さな谷が突き上げているだけで、本流の登山道から稜線までは距離もなく、比較的簡単に登れる山である。この支流はスケン谷といい、暑い季節に登っているが、ほとんど滝もない自然林の残された落ち着きのある谷だった。頂上から県境尾根を地蔵峠まで辿ってみたが、かすかな踏み跡が続き、地蔵峠手前で少し藪に煩わされただけだった。

生杉の大宮神社から登る

生杉の端の林道入り口にはもう数台の車が停まっていた。皆、林道を地蔵峠へと行く人たちのようだった。この林道はクロスカントリースキーのコースとしても有名なのか、この日もかなりの人がスキーの準備をしていた。

私たちは小入谷との分岐にある大宮神社から登るつもりなので、彼らに背を向けて集落へと下った。今日は新雪もあり、未知の尾根ということに気後れしていたのか、登る前から八一八メートルまでは無理なのではと、半分諦めた気持ちでいた。だからどうせ無理ならと、あえて末端の大宮神社から登り始めることにした。集落で除雪作業をしていたおじさんに尾根のことを尋ねたが、道はないようだった。

　道路から大宮神社に一歩足を踏み入れたところからラッセルが始まった。しかし新雪が何十センチか積もってはいるものの、その下の雪はかなり締まっていた。左側の浅い谷に沿って登ってから、急な尾根に取り付いた。新雪の下の雪は、急斜面ではよっぽどワカンをけり込まないと滑るほどのかなり固い雪だった。D氏は今日初めてはくスノーシューなのだが、早くもこの急斜面でかなり手こずっているようで、振り返るとスノーシューを脱いでツボ足で登っていた。ひとしきり大汗をかいたところでやっと緩斜面の尾根の上に出た。こういう斜面ならスノーシューも問題がないようで、至極快適そうだ。

　六九八メートルに出たところで小休止にしたが、どうやら今日はいつもの湿雪に悩まされずに済みそうだ。気温も低く雪も軽い。もうしばらくは急なアップダウンもなく、快調に尾根を辿った。右下にはまだ生杉の集落の屋根が見えている。

　次のピークあたりまで登ると、前方に八一八メートルピークが望めた。諦めていた頂上は案外近く、標高差も百メートルほどだ。これならいけそうだと思うと、気分は一転して活気づいた。

　約七〇〇メートルのピークからコルに下ってから最後の登りにかかる。左の浅い谷の斜面は伐採され、八一八メートル手前の約八〇〇メートルピークを仰ぎながら登った。さすがに雪もかなり多くなり、伐採された斜面には、伐り残されたブナの大樹がところどころに立っている。八〇〇メートルのピークまで登ると雑木林の樹林帯に入り、少し下ってから登り返して八一八メートルに着いた。

　さすがに稜線は落ち着いた樹相を見せていた。無雪期とは様相も異なり記憶していた頂上とはかなり違っていた。

　大きな芦生杉の下で昼食にしたが、一時間たらず座っていると、汗をかいた身体はすっかり冷え込んでしまった。

　下りは同じ尾根を戻るのは面白くないので、直下の八〇〇メートルピークから北に延びる尾根を下ることにした。この尾根はかなりの急な尾根で、下の谷に下り立つまで四五分しかかからなかった。流れも渡れる程度の幅で、林道の急な法面を登って林道に出ると、クロスカントリースキーを楽しんでいる人たちが次々と下ってきていた。ここは林道が若走路《ワカソジ》谷出合を大きくヘアピンカーブしたすぐ先で、生杉集落までもそんなに距離はなく、下山には最適なルートだった。八一八メートルへの登りのルートとしても、かなり急登になるが、この尾根を使えば最短コースとなるのではないだろうか。

登山メモ

●登山の対象とはほとんどなっていない山だが、県境稜線を歩く人がいるのか、ところどころに目印が残されている。頂上付近は芦生杉が点在している。

●どこからも登山道はなく、無雪期では演習林側の由良川本流の支流スケン谷から登っているが、積雪期の生杉を基点としたルートの一つとして、もっと登られてもいいのではないだろうか。

●尾根は取り付きが急だが、単純で分かりやすい。また、地蔵峠への途中から八一八メートルの手前のピークに伸び上がる急な尾根があり、これもルートとなる。特に下りの場合この尾根を使うと早い。

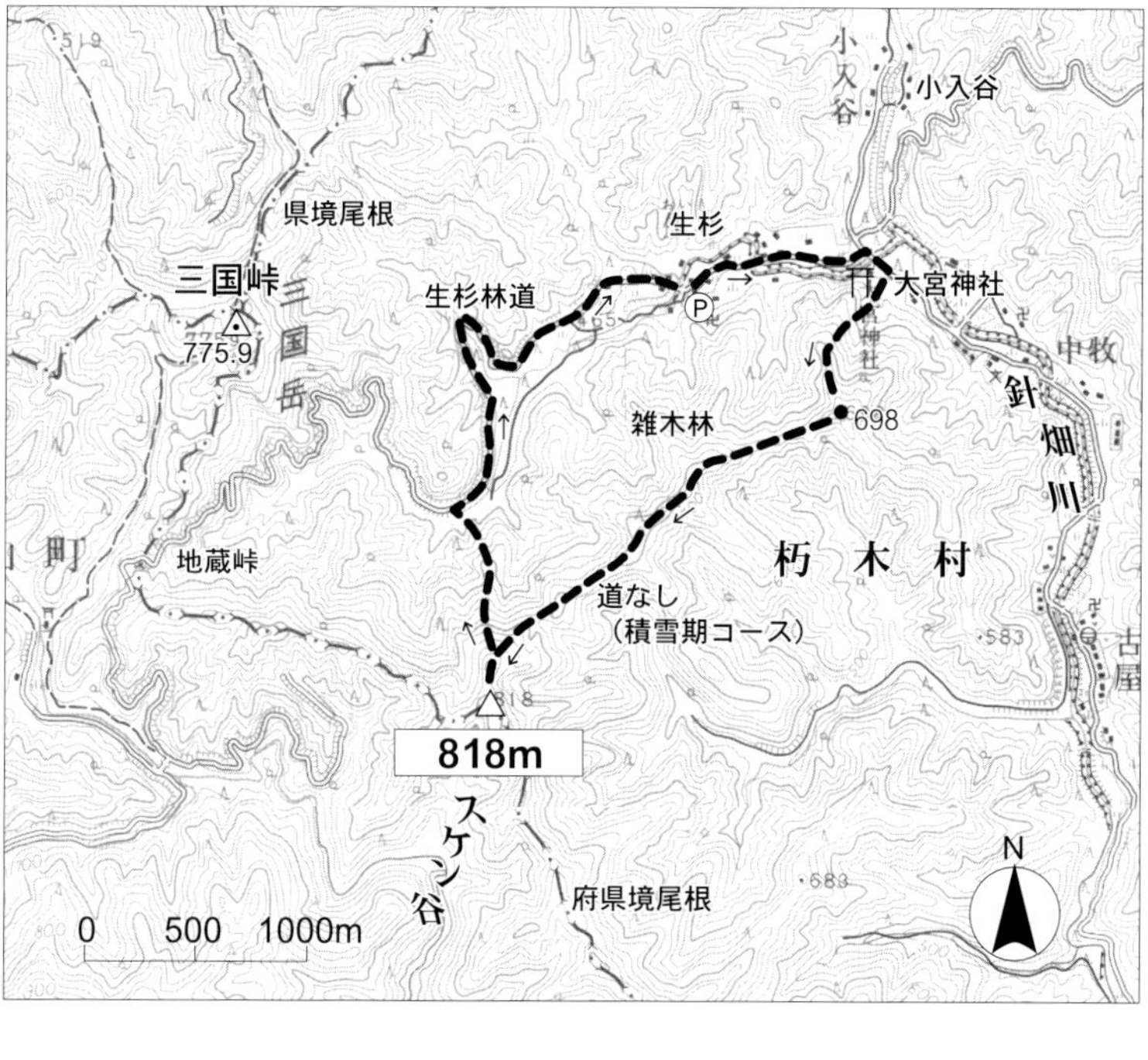

三国岳《みくにだけ》

△九五九・〇m
MAP　久多・古屋

コースタイム●久多川滝谷分岐（45分）岩屋谷三の岩屋（1時間）三国岳

写真
1　友禅菊に埋まる久多の里から望む三国岳。
2　緑濃い真夏の岩屋谷。
3　登山道の大杉を見上げ、急登の尾根で一休み。

1

2

近江、丹波、山城の接点となる山

この三国岳は近江、丹波、山城の接点となっており、すぐ北にも近江、丹波、若狭の境をなす三国峠がある。京都大学演習林の外郭をなす尾根の最高点で、丹波、山城から見れば最深部ということになるが、近江の桑原からすれば、集落のすぐ上の山である。

私が山を始めた頃は、登山道が一つもなかったと記憶している。しかし現在は、滋賀県側の針畑川の桑原から二本と古屋から、そして京都側の久多からと、四つのルートが使え、変化にとんだ組み合わせが楽しめる山となった。

初めて登ったのは由良川支流の大谷からで、ゴールデンウィークの時だった。佐々里峠を越え、由良川本流の道を遡って大谷へと入ったが、どこで泊まったのかも忘れてしまっている。記憶にあるのは、久多側へ下るつもりがまた大谷へと戻ってしまい、再び本流を下って佐々里峠を越えて広河原へ出たというぐらいだろうか。ただ、大谷のブナやトチに包まれた懐の深い谷の静けさと、本流のシャクナゲが美しかった記憶が、長い年月を隔ててからまた、この周辺の山々へと向か

3

わせた原因の一つとなっているのではないだろうか。

演習林といえばまず由良川本流や大谷を思い出すほど、水の流れと森が一つになった風景を思い浮かべるようになった。切り取られて頭に残る姿は、すべてが水と一体となったさまざまな自然の姿である。だからこの三国岳も登山路がいくつもできても、やはり初めて登った大谷からのコースに尽きるように思う。

本流の景観がクライマックスに達するあたりに合流しているのが大谷で、須後からにせよ生杉側からにせよ、本流を歩いてから大谷を遡るというこの序章があってこそであろう。その意味でも由良川源流の支流の中では、最も芦生の森の良さを感じ取ることができるのではないだろうか。

大谷は一部分滝場もあるが難しい谷ではない。懐が大きくてゆったりと広がり、トチやカツラの巨木に覆われている。蛭谷《ひるだに》の『氏子駈帳』には大谷の地名が記されているが、由良川の本流筋から針畑川や久多川の山々を渡り歩いていたのだろう。深い森を歩いていると、往古活動していた木地屋の人たちへの思いがどこまでもついてまわった。

初めて歩いた時から三十年近くの時を隔てて大谷を

歩いてみたが、その風景はほとんど変わりがなくうれしかった。

この大谷再訪は、上流の朽木側の地蔵峠から入って本流を下って大谷出合に達したのだが、さすがに出合までの四時間のアプローチは遠く、日帰りの限界に近い山歩きだった。それも下山地の桑原に車を回しておいたのでまだ余裕があったが、稜線を岩谷峠まで歩いて岩谷を下り、再び本流を遡って地蔵峠に戻るとすれば、かなりきつい一日となるだろう。やはり日帰りではなく、もっとゆっくりと堪能したい谷であろう。

京都側の久多から入る

三国岳は今では三つの国側から、それぞれの良さを楽しめる山となっている。大谷を遡る丹波側からは登山道はないものの、昔のままの美しい森の姿を見ながら登ることができるし、近江側からは三つのコースを使い分けるバリエーションが楽しめる。近江側はいずれもしっかりとしたコースで、朽木山行会によって整備された道となっている。古屋からの岩谷峠との道と結べば、演習林外周の稜線を歩くことになるが、演習林側はブナの巨木が並び、芦生の森の魅力の一端をかいま見ることができる。山城側の久多からの登山道もよく歩かれている道で、谷は自然林が残され、急峻な尾根には杉の巨木が立っている。

いくつもの面がある三国岳だが、手軽に歩くコースとしては私は久多からの道が気に入っている。久多は京都市左京区であるが、京都側からはどこからも峠越えをしなければならない、かくれ里のような地である。安曇川水系であり、下流の村々と同じ志古淵神を祀り、近江文化が色濃く残されている。

久多川沿いの林道を奥へ入るとやがて二俣となる。右が三国岳への登山コースで、しばらく歩くと京都府立大学の小屋があり、辺りは府立大学の演習林となっている。

ここで林道を離れて右の岩屋谷沿いの道に入る。谷には自然林も多く、差し込む朝の光が緑を輝かせ美しい。

しばらくこの岩屋谷を登るのだが、ここには行者が修業した三つの岩屋がある。中には不動明王が祀られ、とくに最初の一の岩屋が大きくて立派だ。二の岩屋は対岸の急斜面の中腹にあり、ここで美しい花をつけたナツエビネと出会った。三の岩屋は尾根へと登り始める登山道と離れて、谷に沿ってもう少し遡ったところにある。谷はここで滝場となり深く切れ込んでいて、岩屋への道は左を巻いている。

登山道が尾根へと移るとひたすら急登が続く。大杉を過ぎ稜線に乗るともう頂上は目の前で、一登りして頂上に立つと、東側が開けて比良を始めとした湖西の山々の連なりが広がっていた。

登山メモ

●登山道は四コースある。久多からの岩屋谷道、桑原からの旧丹波越、桑原からの三国岳登山道、古屋からの岩谷峠道、それと登山道はないが、昔から道がなかったときのルートとなっていた演習林内の大谷からのルートなどである。桑原、古屋から三コースあるので、上り下りの組み合わせを変えれば変化がでるし、経ヶ岳ともからめて登ることもできる。大谷を除いてはいずれもよく踏まれた登山道。

●久多の岩屋谷道は自然林の多い美しい谷だが、車の場合、他への回るコースがないので、往復コースに限られる。

●大谷はすべてが原生林の素晴らしい谷。ただ、大谷出合が演習林の中心部なので、アプローチが長く、無理をすれば日帰りも不可能ではないが、普通は一泊二日コースとなる。

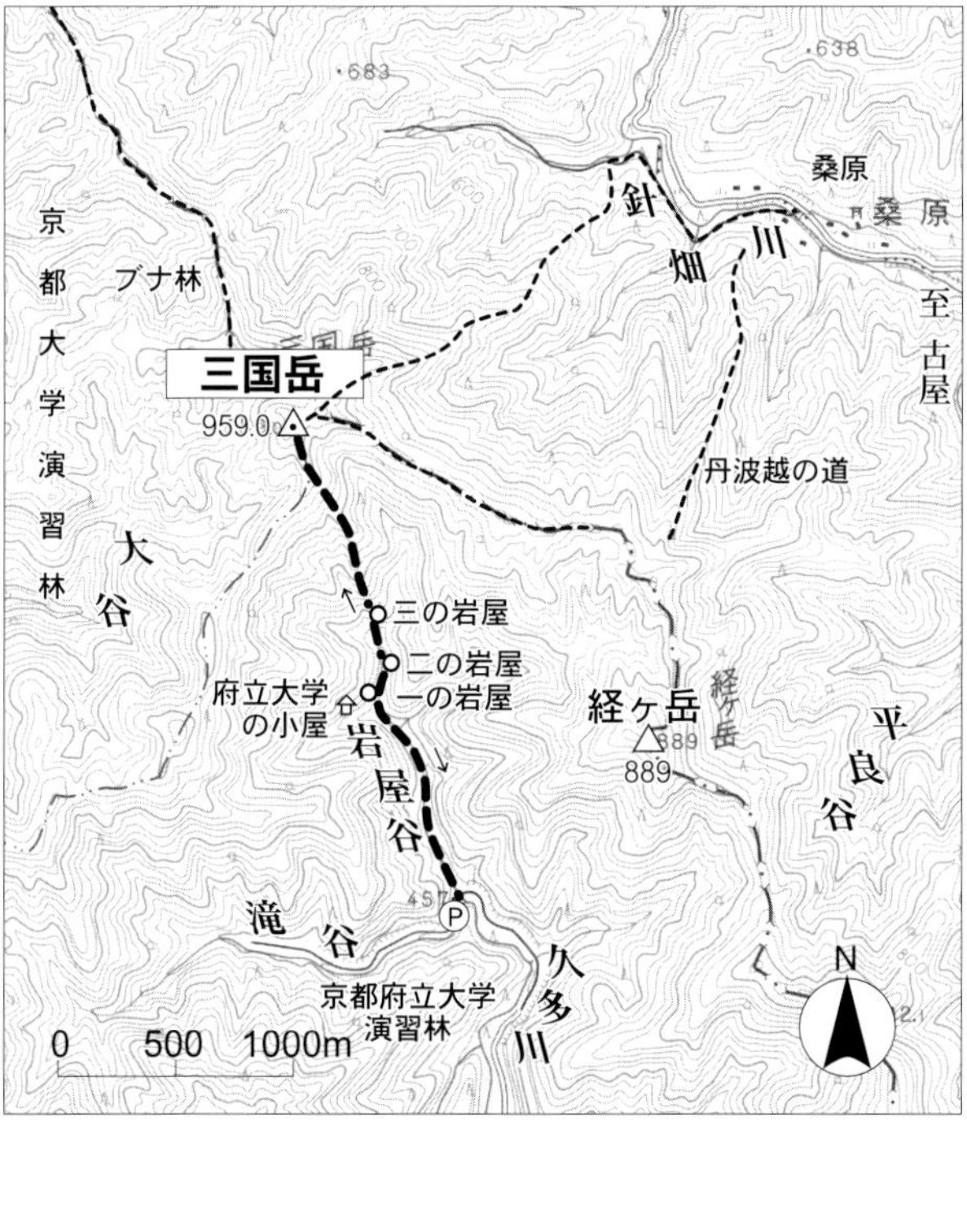

経《きょう》ヶ《が》岳《だけ》　イチゴ谷山

経ヶ岳・八八九m
イチゴ谷山△八九二・一m
MAP　久多

コースタイム●桑原（1時間40分）経ヶ岳（1時間20分）イチゴ谷山（1時間10分）平良

1

2

写真
1　経ヶ岳からイチゴ谷山への稜線、細々とした踏み跡が続く。
2　イチゴ谷山登山を終え平良集落へと下る。
3　経巻が埋められているという経ヶ岳の石。静かで心地よい頂上。

昔も今も変わらない静かな山

経ヶ岳・イチゴ谷山は昔も今も変わらない静かな登る人の少ない山だが、朽木山行会が丹波越の道を拓いて以来、徐々に歩く人の姿を見るようになってきた。私もここ数年で経ヶ岳には数回登っており、イチゴ谷山までも切り開きがされているようだったので、イチゴ谷山へと歩いてみた。三十年振りくらいだろうか。

昔に登った時には経ヶ岳へは久多側のミゴ谷から、イチゴ谷山へは針畑側のオキナ谷を詰めており、どちらも谷を登って谷を下りている。イチゴ谷山はこのオキナ谷の頭であるところからオキナ谷峰、または平良谷奥（点標名？）などと呼ばれているようだが、イチゴ谷山の名が一般的のようだ。

昔は谷をルートとしていたのだが、桑原から三国岳への道、古屋からの岩谷峠道が朽木山行会によって拓かれているので、かなりバリエーションにとんだ山歩きが簡単に楽しめるようになった。両山とも地味な山だが、これからますます歩く人は増えるだろう。しかし経ヶ岳はともかく、イチゴ谷山はまだ踏み跡もしっかりとはしていないので、静けさを保っている。

3

桑原の地蔵堂の横から登り始める

桑原橋を渡った地蔵堂の横から登山道がある。お墓の前を通り竹林を抜けると、植林地の急な登りが始まる。木には〝鯖街道〟と書かれた札がぶら下がっていた。

若狭から根来坂を越えてきた道は針畑川をそのまま下らずに、この丹波越で久多へと越え、そしてオグロ坂から八丁平を縦断して尾越、大見、鞍馬から京へ出るのである。戦国期の織田信長の朝倉攻めの折には、徳川家康も重い甲冑を着て、馬を牽いてこの道を歩き、オグロ坂から京へと逃れたのだろう。

なぜここでわざわざ九〇〇《メートル》もある山稜を越えなければいけないのだろうか、という疑問が湧いてくるのだが、川幅が大きく、深くなるにつれて橋を架けることが難しくなるので、遠い昔はなるべく大きい川筋を避けた山越えの道が多かった。しかし、峠道をさまざまな物品が流通するようになれば、多くの物を運べないこうした山越えの道は次第に淘汰され、川沿いに道が拓かれていったのであろうと推測するが、もっと他に理由があったのかもしれない。

しっかりとした尾根上に乗ると自然林の割合も増え、傾斜もゆるくなって歩きやすい道となる。主稜線に出る手前まで登ると、尾根筋を離れて右に山腹を辿るようになり、茶屋跡に出合う。茶屋跡といってもわずかな空間しかないところだ。

もう稜線の直下で、浅い谷を一登りすると峠状のコルに出た。地形的には峠の形をしているが、昔の峠道がここから久多側へ下っていたのか、もっと稜線を南へ辿ってから下りたのかは分からない。自然林の美しい林に包まれた落ち着きのある峠だ。

経ヶ岳へは南へよく踏まれた道が続いていた。稜線は経ヶ岳直下で久多側の岩屋谷が稜線に並行して延び上がり、経ヶ岳の頂稜部だけが久多側へ突き出したようになっており、これが経ヶ岳のピークを目立たせている。その頂上への最後の急登にかかると右の岩屋谷の源流部にヌタ場があった。

経ヶ岳からイチゴ谷山へ

頂上は杉とブナが並んで立ち、その根方には石塔が祀られていた。これが経塚で、この下に経典でも埋められたのだろうか。周囲は広く刈り開かれ、広場の南にあるブナとミズナラの大樹越しに、眺望が開けていた。

稜線は少し南下してから左に振るように下るのだが、私たちは地図も見ずに下ってしまい、久良谷へと下る尾根に乗っていることに気づいて、斜面をトラバースしながら稜線に戻った。県境稜線には薄いながらも踏み跡が続いていた。いったん七五〇メートル足らずのコルまで下って、八九二メートルのイチゴ谷山まで高度を上げることになる。この下りで針畑側の斜面に大杉が一本あったが、ほかには大きな杉は見られなかった。

コルには平良谷橋へと下る道標が立ち、かすかな道が続いていた。稜線にも踏み跡がありそんなに藪も気にならない。急登を登るとゆるやかな登りが続いた。明るい笹原の疎林となり落ち着いた樹林帯へと変わった。頂上直下でもう一度急登を登ると、檜や杉の植林地となり頂上に着く。ここは刈り開かれてはいるが展望はなかった。

しばらく休憩し写真を撮ったりしていると、すぐ後ろの林から突如ガォーというような唸り声がし、同時にガサガサと音がして何かが走り去った。あまりの突然に驚かされ、一瞬緊張が走った。少し間を置いて走り去った方へと覗きに行くと、すぐ近くでまたガサガサという音がしてようやく逃げ去ったが、もういないと思っていたこちらも大慌てで飛び退いた。まだ近くに居たのだ。クマだったと思うが、クマの方も近づいてくれるなと思っていたのだろうが、辛抱しきれず動いたようだ。今の出来事を思い返して大笑いとなって緊張がほどけたところで、北西へと延びる尾根を下った。

この尾根も落葉期だけにそんなに藪にもわずらわされずに下れた。細々と踏み跡も続いており、歩きやすくて地形的にも比較的分かり尾根だった。

最後に平良の集落を望めるところで、急斜面を一気に滑るように下った。

登山メモ

- ●丹波越のある経ヶ岳はよく登られているようだが、イチゴ谷山はまだ登る人も少ない静かな山。
- ●経ヶ岳からイチゴ谷山までの稜線には踏み跡が続いている。また、イチゴ谷山の北のコルに平良への踏み跡が下っているし、頂上から北東に延びる尾根にも平良まで踏み跡が続いている。
- ●桑原から三国岳への登山道があるので、三国岳、経ヶ岳の周回コースが取れ、イチゴ谷山との三山で組み合わせればいくつかのコースができる。
- ●久多側は登山道はないが、尾根や谷は歩きやすいところが多いので、久多側からも面白い。
- ●イチゴ谷山ではクマに出会っている。突然の出会いには注意したい。

地蔵谷峰《じぞうだにみね》

△七九一・五m
MAP 古屋

コースタイム●能家熊の谷出合（2時間）地蔵谷峰（2時間45分）百里新道合流点（1時間）小入谷越

写真
1 地蔵谷峰北西稜線から頂上を振りかえる。
2 熊ノ畑の一軒家、ダム計画のためこの家も立ち退きとなった。
3 頂上の三角点標石と味のある木の山名標識。

1

2

朽木の奥山、自然林が残る地味な山

朽木《くつき》村は山また山が重なり、わずかに川に沿った狭い段丘だけが平坦地で、地図を見ても等高線の広がった空白地はほとんど見あたらない。

この朽木村の周りを取り巻く京都府、福井県の県境をなす山稜は、九五〇《メートル》余りの三国岳を筆頭に、八〇〇～九〇〇《メートル》台のピークが連なり、植生的にもブナを中心とした林が多く、美しい樹林帯や大きな眺望で登山者を惹きつける山が多い。

しかし県境の山々の内側、麻生川、北川、針畑川を区切る、山稜上のピークは、五〇〇～七〇〇《メートル》台とかなりスケールが落ち、杉や檜の植林帯が中心となった、登山の興味に欠ける山が多い。事実、山登りの対象となって登られている山はほとんどなく、ごく一部のピークハンターに登られているにすぎない。私もいくつかのピークを登ってみたが、やはり植林地の中を歩くのでは面白くない。三角点マニアでもないので、あまり食指も湧いてこず、いつも素通りして奥の山へと向かうのが常となっていた。

それでも、地図を見ているといくつかの歩いてみた

3

い頂上や峠道があり、足を運んでいる。その一つが地蔵谷峰で、七九一・五mの三角点ピークである。この標高はこの地域にしては捨てがたく、またこの山稜が北西に延びる一角に、能家《のうげ》の北、熊の谷から麻生川の熊ノ畑へと峠道の破線が越えている。生杉《おいすぎ》、小入谷の針畑川流域から木地山の麻生川を結ぶルートで、もう一本の百里ヶ岳の南を越えるシチクレ峠とともに、昔はよく歩かれていたルートではないだろうか。

地蔵谷峰は三十年近く前に熊ノ畑から登っているのだが、頂上稜線の熊ノ畑側が伐採された直後で、北側の眺望が開けていたのを記憶している。そこで今度は能家側からこの峠道を辿ってみることにした。

能家側の林道から歩き始める

熊の谷の入り口はセカンドハウス向けの分譲地となり林道が延びている。二度目に流れを渡るところが峠へと登る谷だが、もう道はほとんど分からなかった。かすかな踏み跡があるのだが、おそらく当時のものではなく、伐採・植林時の仕事道だと思われた。

最後の二俣まで谷沿いに歩いて右俣へと入ったが、薮がうるさくなりそうだったので、右の尾根へと上がった。急登に息を切らしながらはっきりとしない仕事道を登って行くが、稜線に出るまで長かった。

　七三八メートルまで登ると、もうゆるやかな登りが続くだけだ。やはり麻生川側が植林帯となっており、その境の仕事道を辿った。時折、木々の間から百里や駒の山稜が開け、爽やかな青空の下に見事な眺望を楽しむことができた。仕事道といっても杉の枝がかぶさるうっとうしい道で、ほんの数日前までの暑さなら嫌になるような道だ。

　稜線は所々にブナの大樹や枯れ木が立っており、昔の姿が偲ばれた。ヌタ場があったりなかなか野生味のある山稜だったが、やはり植林の山はつまらない。

　最後、少し急な登りを登ると頂上に着いた。伐り開かれた頂上には二足のわらじが木にぶら下げてあり、小さな木の棒に墨書きされた地蔵谷峰の標柱が三角点の横に立っていた。

　ここからそのまま下ったのではあまりにあっけないので、元に戻りそのまま山稜を、百里新道の通る八〇五メートルピークまで歩くことにした。

突然、クマが現れる

　七三八メートルまで戻り北へと方向を定めて歩き出したところで、地蔵谷峰の眺望が木の間から望めたので写真を撮っていると、すぐ横で〝ガォー〟という小さなうなり声のようなものが聞こえた。振り返るとD氏もその声に気づいたようで、一瞬顔を見合わせた。あの声はクマしかない。少し声の方へと近寄るとまた〝ガォー〟と一声。これはまずいとそれ以上近寄らず、D氏が大声を出した。それでもクマは慌てる様子もなく、小さくかさかさと茂みをならしながらゆっくりと下って行ったようだった。二人だからそんなに驚きもしなかったが、一人なら、その場に固まっていたことだろう。

　峠は特定できなかったが、コルはゆるやかに開けた気持ちのいい林が広がっていた。

　コルからの山稜は単純で藪のうっとしさやダニの多いのを除けばしごく分かりやすい地形で、所々に広がる眺望や、咲き終わったばかりのナツエビネを楽しみながら静かな尾根を堪能した。

　熊ノ畑から始まる、西からの尾根が合流するよく目立つジャンクションピークを過ぎたあたりから、やっと自然林の中の歩きやすい尾根に変わった。百里新道の八〇五《メートル》へのゆっくりとした登りは、最後の仕上げにふさわしく、落ち着きのある樹林が心地よかった。

登山メモ

●北川、麻生川、針畑川流域の県境稜線の内側の山域は、比較的高度はあるが植林地が多く、登山の対象とするには物足りない山が多い。この地蔵谷峰は結構自然林が残されている部分もあり、スケールも大きく登りごたえのある山となるだろう。

●山全体どこを歩いても植林地と自然林が混じっている。登山道はなく、尾根か谷を詰めることになる。以前はまだ植林も小さくて陽当たりがよく、下刈りされていなければ歩きにくかったが、ほとんどが成長してきている。

稜線は植林だが、ポツリポツリとブナが残る。

●頂上稜線も植林地と自然林のミックスで、山仕事の踏み跡が残されているが、歩きにくい。百里新道の通る八〇五《メートル》ピークまでは藪混じりだが、何とか歩ける。

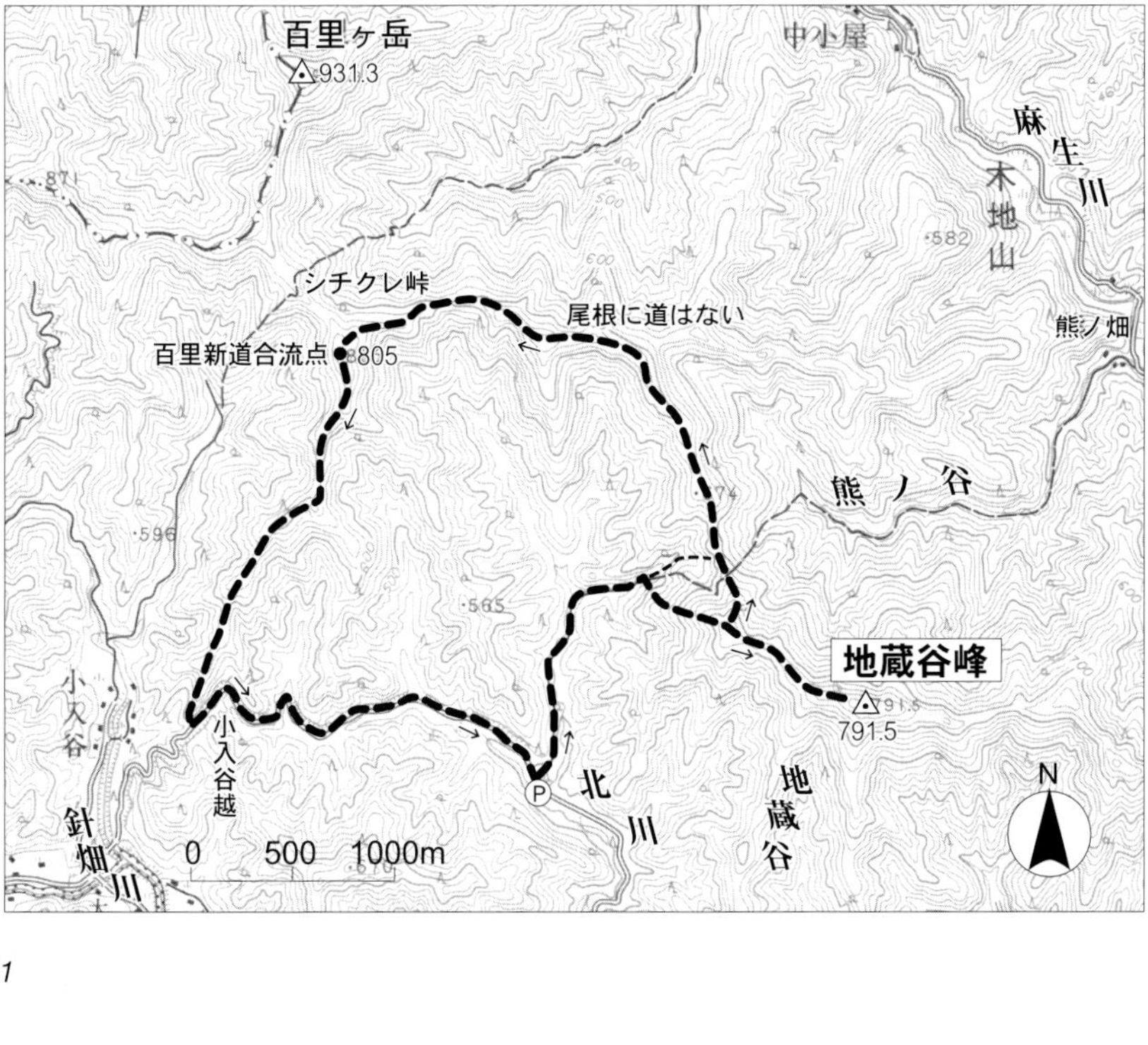

正座峰《しょうざみね》

△七二四・八m
MAP　久多・古屋

コースタイム●桑原（50分）さけび越（30分）正座峰（45分）雲洞洞車道～弓坂～中牧（コース間違えタイムなし）

写真
1　さけび越の地蔵様の何とも優しい顔。
2　さけび越トチモチ谷のトチの巨樹。
3　雑木林の峠道。落ちついた秋の道をゆっくりと歩く。

1

2

小さな山には小さな山なりの良さがある

もう三十年ぐらい前になると思う。桑原の背後に連なる山稜の生姜谷峰《しょうがだにみね》に登ろうと、登り口のお宅に登路を尋ねたところ、引き留められお茶をご馳走になった。記憶が薄れていたが、思い起こしてみると、それが今、自宅前で〃森の駅〃という名前でテントを建てて、山の産物を販売しておられる栗本さんだったようだ。〃森の駅〃には山の行き帰りに時々寄っては珍しいものを買って帰る。

その時、山名を尋ねたところ、生姜谷峰は叫山《さけびやま》、正座峰、北川へと越える峠は叫越という地名を聞いている。現在では生姜谷峰はほとんど使われず、正座峰、さけび越という地名が定着している。先日栗本さんにさけび越という地名は北川側のシアケビ谷からきているのではないだろうかとお聞きしたところ、そうではないようなご返事だったがどうなのだろうか。

当時スギヤ谷から正座峰に登り、さけび越から桑原へと下りてきており、さけび越を北川へと越えていないのが気になっていた。峠道はやっぱり両側の道を歩いてこそ、峠歩きの良さが分かり、その道がどのよう

3

に使われていたかが理解できるのだが、現在では車での登山がほとんどなので、峠越えはなかなか歩きにくいものとなっている。この正座峰登山も、私にとってはあくまでもさけび越がメインで、正座峰が従であったが、まさにそのとおり、さけび越の峠歩きは、さらなる峠歩きの糧となるような思い出を残してくれた。

高い山ばかりが強い記憶を残してくれるものとは限らない。山歩きの思い出は、山の高低、大小にかかわらず、小さな山には小さな山なりの良さがあるものだ。山頂ばかりにこだわらず、自由な山歩きを楽しめるようになれば、低山の達人になれるのだと思う。

今日は朝から雨が降ったりやんだり。こんな日こそ峠歩きが適しているのではないだろうか。木々の美しさを愛で、道を越えた人々に思いを遡り、峠道の造形美に浸りながら静かに歩を進める。天気がいいと気持ちの良さに浮かれて、いろいろな事に目がいきすぎてしまうが、こんな天気の日は、墨絵のようなぼんやりとした遠望があるだけで、外に目を向けることが少なくなる分、体近くの目に届く範囲の感覚が、いっそう鋭敏にいきわたる。こうしたことも小さな山歩きを愉しむ極意の一つではないだろうか。

スギヤ谷出合からさけび越えを経て

桑原の〝森の駅〟のテント近くの路肩に車を停めた。スギヤ谷出合のここには朽木山行会のさけび越と書かれた道標が立てられている。峠道は谷沿いの道に入ってすぐ、右に山腹を巻きながら続いていた。登り口には猿田彦神社の石碑と、線刻された石が置かれた祠の跡がある。植林の中を登って行き、いくつかの切り返しを折り返すたびに植林と雑木林が入れ替わる。深く落ち葉が散り敷く道は足に柔らかく気持ち良く歩が進む。二次林のため大きな木はないが峠道が美しくて、たびたび三脚を立てるのでなかなか進まない。負担がかからない見事な作道で、峠までリラックスした気分で歩けた。

さけび越の峠には優しい笑顔にも見える地蔵様が祀られていた。そして桑原と平良の地名を彫り込んだ小さな石が埋まっている。ゆっくりと一服したくなるような峠だった。

左に正座峰へ往復した。植林と雑木林に分かれた稜線を一五分ほど登ると頂上に着いた。眺望もほとんどなく、頂上だけが目当ての登山なら失望することだろう。一年もすればどんな頂上だったかもすっかり忘れてしまうような山頂だった。

峠に戻り北川の能家《のうげ》に向けて下った。山腹をトラバース気味に下る石がごろごろとした道で、桑原側より歩かれていないのか、荒れていた。伐採、植林されているので少し失望して下っていったが、谷へと下り流れを渡ってから風景は一変した。ここには朽木山行会の道標が立ち、栃餅谷の谷名が記されていた。その名のとおりここからは大きなトチとカツラの並ぶ自然林の中に入った。見事なトチとカツラの巨樹を眺めながらの道はなかなか素晴らしいものだった。

しばらく自然林が続いて再び植林帯の中に入り北川沿いの車道に出た。車を置いた桑原に戻るにはもう一度この山稜を越えなければならない。そこで能家まで歩いてから弓坂を越えることにした。

小雨となった車道を能家までぶらぶら歩き、能家の氏神の山神神社で昼をとり弓坂への道をさがした。

弓坂は林道から入るようなので、林道の入り口を探しながら歩いたが結局行き過ぎ、もう一度探しながら戻って、やっと林道を見つけた。林道が弓坂への谷からかなり手前だったのが間違いのもと。さらに林道から峠の取り付きが分からず、右に大きく振ってしまい、尾根をかなり歩いて弓坂の峠にたどり着いた。峠道の実際の取り付きは村道終点の手前で左に入るようだが、ぜんぜん気がつかなかった。弓坂の中牧側も深く掘れこんだ素晴らしい道だったが、秋の夕暮れは早く、薄暗い峠道の下りとなり、さらに桑原までの車道歩きとなった。

登山メモ

●針畑川の左岸側の山並みは、標高やスケールは見劣りし、植林地や雑木の二次林が続いている。山は正座峰、水無山ぐらいなので、さけび越や弓坂の峠歩きに絡めて登る程度で、どちらかといえば、峠歩きが主体となる。とくにさけび越は見事な峠道で、桑原側の雑木の二次林、能家側のトチモチ谷のトチ、カツラなどの自然林が美しい。

●弓坂は峠道を間違って登り、稜線を歩いて峠に戻ったので中牧側しか歩いていないが、しっかりと掘り込まれた素晴らしい道。

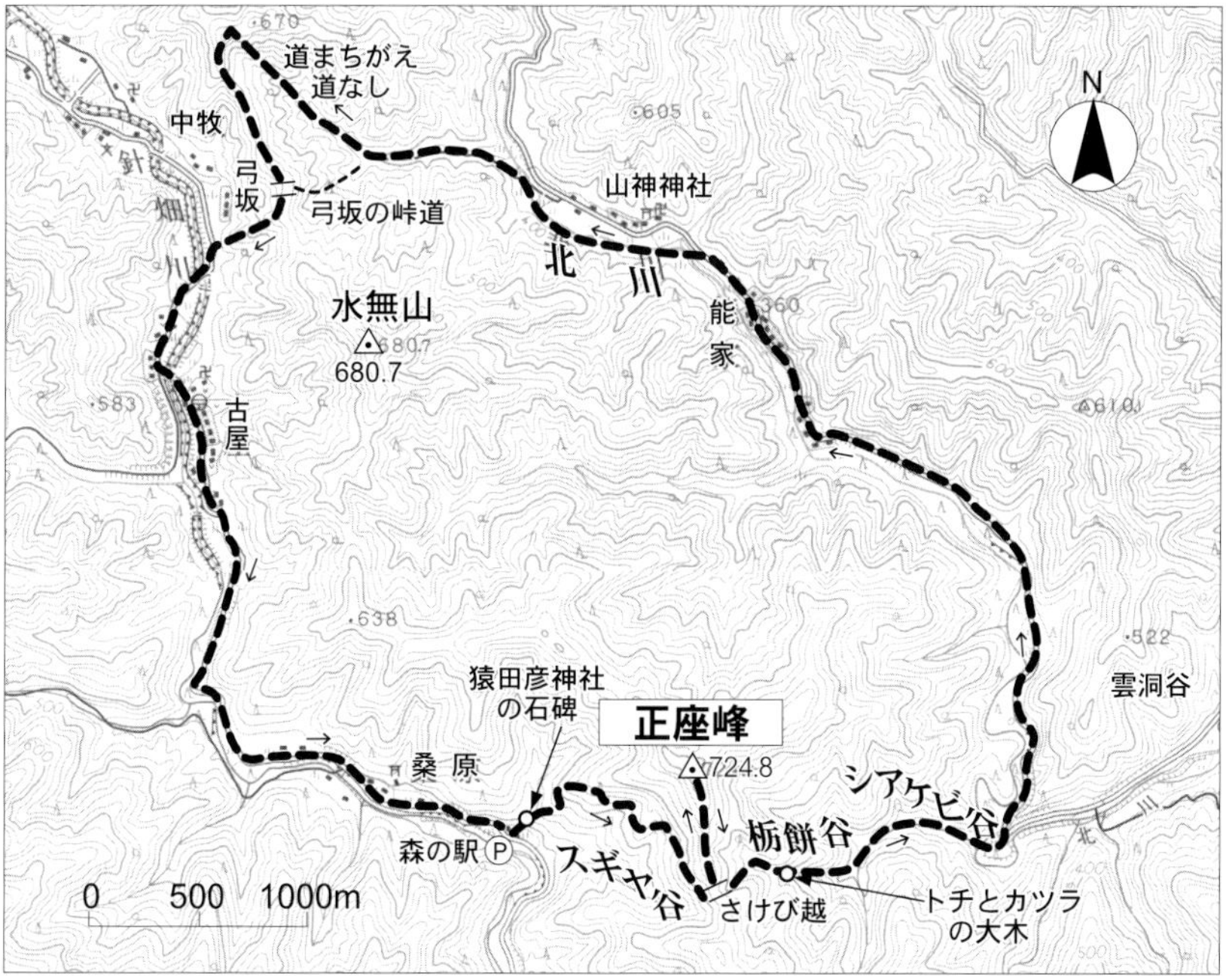

東山《ひがしやま》・雲洞谷山《うどだにやま》

東山△四一七m
雲洞谷山△六二二・一m
MAP 饗庭野・北小松・久多

コースタイム●市場（35分）明護坂（40分）東山（1時間10分）雲洞谷山（40分）大彦峠（1時間15分）岩瀬

写真
1 明護坂登り口の祠とケヤキの大樹。
2 大彦峠にあるお地蔵様。
3 切り通しの明護坂で休む。また来たくなる峠道。

1

2

朽木市場の背後にある峠と山

朽木《くつき》村の中心地、市場の背後に東山があり、野尻の北の西山と相対している。市場の人々にとっては、比良蛇谷《じゃだに》ヶ峰《がみね》とともに、朝に夕に仰ぐ最も親しい山々だろう。

朽木市場から真っ直ぐに延びる安曇川に沿って、この東山から雲洞谷山、白倉岳の山稜が、比良山系と向かい合いながら併走している。登山者にとってもアプローチに恵まれた山域なのだが、多くの人が訪れる比良の山々とは対照的に、余り人影を見ない。近頃でこそ、白倉岳の大杉が有名になったが、その北の雲洞谷山や東山となると、静けさに包まれている。

私はいつも不思議に思っているのだが、登山の対象となる山、ならない山というのはどのあたりで区別されているのだろうか。一言でいえば見るべきものがある山とない山ということになるのだろう。しかし、峠道マニアの私にとっては、この山稜の両端にある明護《みょうご》坂、大彦《おびこ》峠は歩いてみたい峠だったので、私には大いに見るべきものがある山だといえる。

以前に一度この山稜や峠道は歩いているのだが、確

3

かに雑木林と植林が続く平凡な山だというのは間違いがない。再訪したのも九月ということもあって、ただただ緑の中だった。見るべき眺望もなければ、珍しい花も咲いていないし、美しい流れも、目を瞠る岩場もない。ないないづくしで残暑だけがしっかりとついてまわり、暑さにへたばってしまった。でも、市場から明護坂の道の雰囲気が良く、それだけで満足がいくものだった。

市場の旧道から明護坂へ

市場の旧道を初めて歩いた。整備がされていて、山旅の始まりとしては心地よく気分がふくらんでくる。畑仕事の老夫婦に明護坂への道を尋ねた。道は分かっているが、人と出会うと道を聞くことにしている。私のいつもの手である。何か面白い話が聞けるかもしれないし、思いがけなく話がはずむこともある。山の凹みを指して峠を教えてもらったが、それ以上の話の進展はなかった。

復元された水車小屋から折り返すように坂を登ると集落の上端に出た。アスファルト道に水が流れ、サワガニが遊んでいる。さすがに山の集落だ。

水田が広がると向かいに見える蛇谷ヶ峰が大きくて清々しい眺めだった。すぐ山の登り口にかかり、水田と山を区切るところにはぐるっと高い金網がずっと張りめぐらされている。動物除けだろうが、こんなにも厳重にしなければならないのだろうかと思うほどの頑丈で立派な柵だ。おかげで山へ入るのにも、いちいち扉を開けて入らなければならない。動物たちも住みにくくなったのだろうが、山と暮らしとの一線を画すかのような哀しい風景だった。

植林地の道を登ると車道が横切り、根方に祠を祀ったケヤキ巨樹がある。ケヤキの大樹というのは、どの木を見ても樹形が整って美しく風格を感じる。この木もずっしりと見事なケヤキだった。

植林地の中の登りが始まった。見事に踏み固められた道が続き、暗い杉林で残念だが、雑木林なら緑の美しい道となることだろう。峠もかなり深く掘り込まれた切り通しで、斜面がえぐれて二体の石仏が祀られ、実に峠らしいすっきりとした造形だ。北川側からもしっかりとした道が登ってきているが、地図を見ると、すぐ下には林道が走っている。

東山から雲洞谷山、大彦峠へ

南へ東山へと続く稜線にも道があり、中学校の生徒が作った道標が立てられていた。尾根を少し進むと雑木林の中となり、木漏れ日が明るかった。東山はテレビの共同アンテナが建ち、林の中の目立たない頂上だった。日差しが強く残暑が厳しいが、蝉しぐれの中にじっと座っていると、心地よい風が吹き抜けていく。

ここからも植林や雑木林のゆるゆるとした長い登りで、約五〇〇《メートル》地点の行者山をすぎ雲洞谷山まで、変化に乏しい。雲洞谷山の頂上に着くと、あまりの風景の変化のなさに登りあきた。頂上は東側が切り開かれて比良の山が開けていた。

大彦峠へはいったん下って雲洞谷山と同じくらいピークへ登りなおしてから、峠への下りにかかる。ここまでくると景色にも変化が出て、右に雲洞谷の集落が開け、緑一色の山間いに、もう色づいて黄味がかった田んぼが鮮やかだった。

急な下りから送電線をくぐると大彦峠に着いた。峠にはお地蔵様が祀られ、昔の雰囲気を残しているが、大彦谷側は峠のすぐ下まで林道が迫り、岩瀬まで長い林道歩きが待っていた。

登山メモ

●どちらの山も雑木林の中の静かな山。明護坂と大彦峠間はしっかりとした道が続いている。

●どちらから登ってもいいが、大彦谷の林道歩きが長いので、明護坂から登った方が楽だろう。

●山頂は平凡だが、明護坂は道もしっかりとしているし、雰囲気抜群の峠道。朽木側の登り口には大ケヤキがあり、祠が祀られている。大彦峠は林道が横断しているのが残念だが、ここにも石仏が祀られ、峠らしい形をまだ残している。

大彦峠の岩瀬側は雑木林の峠道から林道に出る。

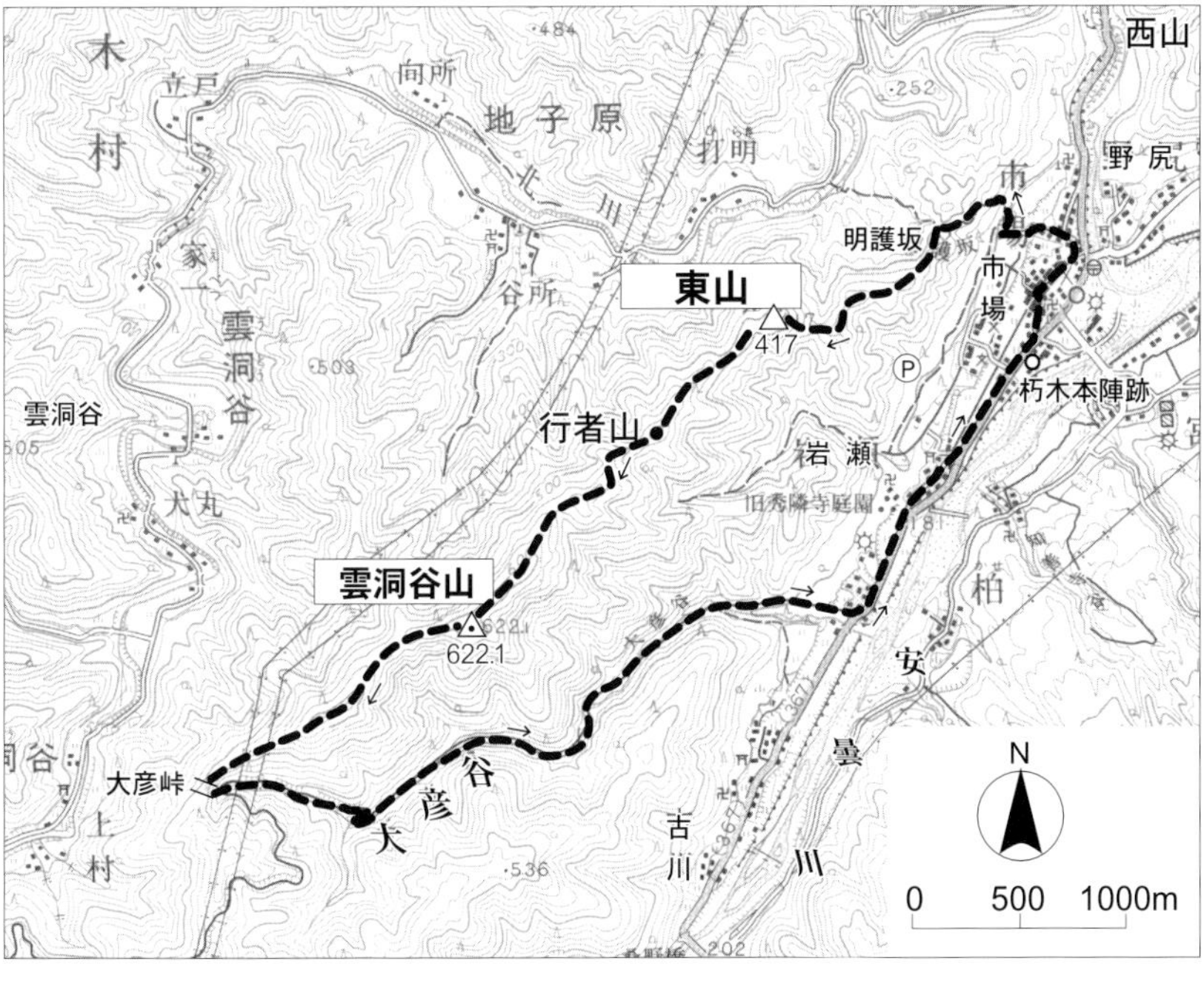

白倉岳《しらくらだけ》

△九四九・九m
MAP　北小松・久多

コースタイム●桑野橋（2時間）鷹ヶ峰（2時間25分）白倉岳中岳（2時間）村井

写真
1　村井からの登山道の松本地蔵、ここから頂上が望める。
2　三峰がきれいに並ぶ白倉岳頂上。
3　中岳頂上の雪の中の大杉。どっしりと座る風格ある杉。

1

2

三つのピークが並ぶ存在感のある山

白倉岳といえば最近ではすっかりメジャーな山になってしまった。何といっても中岳にある大杉のおかげだろう。現在では村井、栃生《とちう》、桑野橋、大彦峠などから登れるようになった。これらの道はもともと山仕事の道として使われていたものだと思われるが、朽木山行会の方々によって整備されたものである。

私もずっと以前に、針畑の小川からや日野谷を遡行して登っているが、その頃は稜線にはこんなにしっかりとした道はなかった。それに大杉のことも知らなかったし、第一、登る人などほとんどなかった。

あまり知られていなかった山だが、今改めてこの山を見直してみると、注目されてきたのも頷ける。勿論、大杉の存在というのも大きなものだが、標高もそこそこあり、山容も素晴らしく、別に大杉が無くても充分に存在感がある山だと思うようになった。

周辺の山に登って見ると、案外この山はよく目立つ。比良の向かいにあるので確認しやすいこともあるのだが、やはり三つのピークが並ぶこの山の姿は、地味な周辺の山からすれば頭一つ抜け出している。それに何

3

といっても、アプローチの良さが魅力的だ。バスが通っているし、バス停から即、登り出せるという手軽さがいい。

　しかし、冬の場合は最後までラッセルするとなると登りごたえのある山となる。登山口の村井が標高二五○《メートル》足らず、頂上が九五○《メートル》なので、標高差は七○○《メートル》ある。ロープウエーで上がって武奈に登るのとは訳が違う。私たちも桑野橋から登ってみたが、思った以上に手応えがあり、村井から登ってきている踏み跡と出合えた時には、正直ほっとした。しかし考えてみれば、こんな山が家から一時間足らずのところに幾つもあるというのは、山を楽しむ者にとっては幸せなことであろう。

桑野橋の登山口から鷹ヶ峯へ

　桑野橋の登山口は、国道が安曇川の橋を渡って九○度曲がる、その曲がり角にある。杉林の中に入ると山腹に用水路が走り、それに沿って左へ進むと、谷へと導かれる。この出合う谷を左に渡ると、ここからジグザグに尾根を登って行く。

　急な植林帯の斜面をしばらく登ると雑木林の中に入

った。次第に傾斜はゆるくなって尾根は広がり、薄日が差す雑木林は明るくて気持ちが良かった。五四八メートルの四等三角点からもしばらくゆるい尾根が続き、左には白倉の三峰が木の間から見えた。

やがて再び杉林の急な登りとなるが、雪が締まっておらず、おまけに湿雪で重くて、ピッチが上がらなかった。二時間かかって七四五メートルの鷹ヶ峰に着いたが、当初は白倉岳を往復して大彦峠を下るという予定をしていたのだが、これでは到底無理のようだった。

鷹ヶ峰が主稜線だが、もう一登りした八二三メートルに着くと稜線の雰囲気は変わり、葛川側が植林帯となり、針畑川側は雑木林が続いていた。今日は冬にしては穏やか日だが、それでも時折冷たい風が吹き付けてきた。一本の見事な大ブナが立ち、すぐ下に大彦林道の白い斜面がうねうねと延びているのが見えた。

もうここからは距離も標高差もそんなにないのだが、雪の状態が悪くてかなり手こずり、村井への道の分岐点まできて人影が見え、やっと安心して昼の大休止にした。村井からの一筋のトレールが心強く感じた。

烏帽子峠から中岳へ

烏帽子峠まで登るともう目の前に白倉のピークが見えている。小さなアップダウンを繰り返すと頂上だ。そして今日の主目的である中岳まで足を伸ばし、大杉と対面した。

大杉はそんなに大きいものではないが、根本近くから枝分かれした何本かの太い幹が天に突き上げている。造形的にも微妙なバランスの上に成り立った安定感があり、風雪をくぐり抜けてきた風格さえ感じる。そして斜面ではなく稜線上のしかも三峰の中央のピークにあるというのもいい。

杉の周りを写真を撮りつつ三周ほど巡ったが、まさに力を振り絞って生き抜いたという強さが見えた。自らの個性を主張するこうした姿を人に重ね合わせた時、その生き様に共感するのであろう。

下りは村井へと下った。このコースにも稜線から少し下ったところに、中岳ほどのものではないが、大きな杉がある。この杉のあたりが比較的急な斜面で、あとは歩きやすい尾根が続くのだが、登りでへばったので、長く感じた。この日は歩き方が悪かったのか、膝に強い痛みがきて辛い下りとなり、長い一日となった。

松本地蔵への最後の山腹道あたりでは雪もぐんと少

なくなり幾分ましにはなったが、松本地蔵から杉林に入り村井へと出るころには、もう薄暗くなっていた。

登山メモ

●頂上は三つの峰に分かれ、北岳に三角点、中岳に大杉、南岳にはブナの林があり、それぞれに特徴あるピークをもたげている。遠くから見ても三峰並立した美しい姿を見せてくれる。

●中岳の大杉のせいか最近は登る人が非常に増えている。直下に国道三六七号線があり、京都から京都バス、安曇川から堅田、江若バスが走っており、この点でも非常に便利な山で、積雪期でも登山者の姿が見られる。

●国道三六七号線の栃生、村井、桑野橋から三つの登山コースが上がっている。ほとんどの登山者は村井、栃生の二コースで周回コースをとっているようだ。メインコースは村井からの道。桑野橋からの道は少し長くなり、健脚者向きとなる。

●稜線はさらに北へと道があり、大彦峠、雲洞谷山、東山、明護坂まで続いている。

桑野橋からの道を稜線に登り詰めた鷹ヶ峰。

深坂越《ふかさかごえ》

MAP　駄口・敦賀

コースタイム●鶴ヶ岡（20分）深坂地蔵（15分）深坂峠（40分）深坂

写真
1　多くの信仰を集める深坂地蔵。
2　ホトトギスが咲き始めた初秋の深坂峠道。
3　残暑の中だったが、気持ちよく歩けた峠道。

1

2

北国と京、大坂との交易路

若狭湾岸の敦賀と近江の琵琶湖との間を隔てる山稜には、いくつもの峠道が越えている。海上と湖上を結ぶ道である。

　これらの道は京、大坂と北国との交易路として、重要な役割を果たしてきた峠道で、そのうちの一つの西近江路は、現在、国道一六一号線として引き継がれている。西近江路は愛発の関で知られた古代からの道で、琵琶湖の港町、海津と結んでいる。日本海との交易では、ほかに深坂越、新道野越も大浦、塩津につながる峠道として、多くの物資や情報が行き交い、経済・文化交流の幹線となっていた。現在では国道一六一号線と新道野越の国道八号線にその役割が引き継がれているが、深坂越は旧峠道が残されているだけである。

　昔の物資の輸送では、水上輸送が最も楽な方法であった。そのため日本海と琵琶湖を結ぶこれらの峠道が重要視された。平清盛の命で平重盛がこの深坂越に、若狭湾と琵琶湖をつなぐ運河を開削しようと、峠付近を試掘したという話が伝わっている。まことに膨大な計画で、現代でも大工事となることだろうが、それほ

どまでに輸送路というものが重要視されていた表れであろうし、峠道の果たしてきた役割というものが理解できるだろう。

こうした遙か遠い時代から幹線であり、その面影を残す深坂越を歩いてみたかった。

近江の大概の峠道は歩いているつもりだったが、深坂越とはまだ対面を果たしていなかった。車で敦賀方面から一六一号線を帰る途中、深坂越の道標を目にしていたのだが、不思議と縁がなかった。というよりは、多くの峠道が車道に変えられていく昨今、ここももう車道の下になっているものだと思いこんでいた。しかし、地図を見るかぎりでは、どうやらある程度昔の道が残されているようだった。そうなると、こんなところを歩くにはまったく不向きな、暑さの残る季節にもかかわらず、涼しくなるのを待ちきれずに足を向けた。

深坂地蔵への参道を歩く

深坂越は国道八号線が県境を越える新道野越の手前、左に鶴ヶ岡という集落があって、ここから少し車道が延びており、現在ここが深坂越の登山口となっている。深坂越は深坂地蔵で知られ、私が行った日にも何人かの人に出会った。こんな暑い日でも峠歩きをする人がいるのかと驚いたが、皆、深坂地蔵にお参りする人たちで、深坂地蔵の信仰の篤さを思い知った。

もともとの峠道はもう少し手前で左に入っている谷沿いに付いていたようだが、この谷には深坂峠付近まで延びている林道があり、車での人が多い。

車道の終点に一軒の家があり、駐車できる場所がある。深坂地蔵へお参りする人のためのものらしい。

歩き始めて左から旧道のある浅く広がる谷と出合う。この谷沿いにしっかりとした広い道が続き、深坂地蔵への参道として階段状に整備されている。両側は植林と雑木林が混じり、左手には立派な石垣が築かれていた。峠道の問屋屋敷跡で、安土桃山時代に新道野越が拓かれ、新道野に問屋が出来たため、荷を奪われて深坂越はすたれたという。

ゆるやかな参道をしばらく進むと深坂地蔵に着いた。立派な地蔵堂があり、人の訪れが絶えないようだった。峠は左にある林道からすぐのようだったが、私たちはお堂の裏手から右の四〇〇《メートル》あまりの山の山腹に付けられている森林管理用の山道を辿った。この道は荒れ気味で、右から大きく迂回してやっと峠に出られた。

峠には滋賀県側から車道が上がってきていたが、福井県側は緑深い林の中にしっかりと幅の広い歩道が続いていた。峠からは岩籠山が覗き、ゆるやかに下っていた。

歩道にしてはかなり広い道で、昔からの峠道ではなく、近代に開削された道のようだ。しかし、すっかりと落ち着いた様子で、自然林に包まれた道はトチやホウの木なども多く、この暑さにもかかわらず、気持ちよく歩けた。

大きく折り返してから流れに沿うようになる。道と水との高低差がなく横にずっと小さな流れが並行していた。流れと一体となり、ほとばしり転がり落ちるように流れる水を見ながら歩くというのは、うれしいものだ。それに道沿いにはホトトギスやツリガネニンジンが咲き、歩く楽しさや道に対する親近感をを大いに盛り上げてくれた。

車の走る音が聞こえてくると、若狭側の登り口の深坂集落の端の畑に出た。

登山メモ

●滋賀県側はほぼ峠まで車道が上がっている。福井県側は麓の深坂から歩道となっているので、歩く対象となるのは福井県側だけとなる。

●大変古くからある道だが、福井県側も近代に新たに開削されたのか、かなり幅の広い道となっている。峠道は落ち着きのある美しい道。

近江側の深坂峠登り口。

●滋賀県側には峠の直下に深坂地蔵があり、篤い信仰に支えられ、お参りに登る人も多い。鶴ヶ岡集落の一番奥にお参りの人用の、数台の駐車スペースが造られている。

●深坂地蔵から、峠の東側に山林管理用の道が作られている。少し荒れてはいるが充分歩けるので、車道を行かず遠回りして峠に出るコースもある。

東《ひがし》ケ《が》谷《たに》山《やま》

△六五七・五m
MAP 木之元・駄口

コースタイム●山門湿原登山口（20分）山門湿原（1時間40分）東ケ谷山（40分）大浦越（1時間20分）山門湿原登山口

1

2

写真
1 秋色濃い山門湿原。
2 昔さかえた大浦越を下りてみた。
3 小雨の山門湿原から見上げる東ヶ谷山。

日本海と琵琶湖を結ぶ山域

琵琶湖の北、国道八号線と国道一六一号線に挟まれた地域は、真ん中に大浦川が貫き、両サイドに低い山々が連なっている。その大浦川の源を、新道野越と深坂越が日本海と琵琶湖を結んできた。

登山の山としては魅力に乏しい山域で、山を歩く人もほとんど見かけないところである。六〇〇メートル台の東ケ谷山や四〇〇メートル台の日計山などいくつかの山が目を惹く程度なのだが、地形図を見ると、その両山に挟まれたところに湿地のマークがあるのが前から気になっていた。

山門湿原といい、初めて訪れたのは夏の終わりだった。他の山に登って時間が余ったので立ち寄っている。湿原は最近ではホームページなどもつくられて注目されているようで、暑い時期にかかわらず何人かの人と出会った。この日は東ヶ谷山まで登ろうかと思っていたのだが、暑さで体が動かずに、山門水源の森の登山道の最上部で引き返してきた。水源の森はヒノキの森、ブナの森、アカガシの森を周遊するコースだったが、森を楽しむ余裕もなく、ノロノロと森を上下した

3

だけだった。

水源の森はあまり魅力はなかったが、湿原はもう一度季節を変えて歩いてみたかった。湿原には鹿児島や喜界島の火山噴火の灰がたまっているという。喜界島の火山灰は六千三百年前というので、そんなに歴史を遡るものではないが、地形を形成する自然の壮大さにはいつもながら驚かされる。長い年月の営々たる積み重なりが、不思議の世界を創り上げている。それが現在の私たちが目にする風景だが、それが一夜にして壊されてしまうのも現代の世界なのだ。

紅葉の山門湿原へ

二度目の湿原は見事な紅葉の中にあった。雨に濡れた木々とぼんやりとけぶった背景の山々が、いっそうの夢幻の世界に誘い込む。さすがに朝の激しいあの雨では誰の姿もなく、静けさに包まれた湿原の寂しさをさらに浮かび上がらせていた。しかしその雨も小降りとなり、傘もたためる程度になっていた。

高みにある展望台からは彩られた湿原の全景が見渡せたが、手前のヒノキの植林が成長してきており、少し邪魔になる。湿原に下りたところに炭焼き窯があったが、もともとはコナラなどの雑木林に覆われていたのだろう。

写真を撮りながらゆっくりとこの色彩を楽しみ、尾根への道へと上がって行った。湿原の標高が約二八〇メートル、東ヶ谷山が六五七・五メートルなので四〇〇メートル近い登りとなり、あなどれない。実際、遊歩道の最高点から上はほとんど道もなく、小雨の中のつらい登りだった。遊歩道の最高点が五〇〇メートルぐらいなのでもうそんなにもないのだが、ここからがきつかった。どっぷりと濡れた笹を分け県境尾根に出ると、敦賀とその背後の海が開けていた。海が見えるとは思いもしなかった。この山の位置からすれば当然の眺めだと思うが、小さな山のすっきりとしない藪の登りだったため、大きく開けた眺望が意外に感じた。しかしこの眺望は、若狭側が皆伐された植林地なのでそんなに喜べない。

植林地は下刈りはされていたが、歩きにくいことこのうえなかった。しかし、近江側も密生した藪なので若狭側の伐採地を登ったが、下刈りされた灌木に何度もけつまずく実に不愉快な登りだった。

東ヶ谷山から大浦越へ

東ヶ谷山の手前でやっとこの下刈り地から解放された。稜線は伐採後の二次林となったが、さっきよりはずっとましだった。東ヶ谷山の頂上に登った喜びもあまりなく、ほっとしただけだったが、藪の間からは敦賀市街と海が見え、少し救われた。頂上からの下りは稜線に踏み跡が続いていた。しめたとばかりにしばらく下ったが、東に振りすぎているような気がして、再び頂上まで戻り、もう一本西側の尾根に入った。この尾根にはまったく踏み跡もなく迷いながらの下りだったが、前方をすかしてみると、やっぱりさっき下っていた尾根が県境尾根だったと判断して、斜面をトラバースしてさきほどの尾根へと舞い戻った。

とんだドタバタで慌てたが、下りが続いて前方に送電線の鉄塔が近づいたところで、巡視路と出合いほっとして昼食にした。地図を見直してみると、確かに頂上からの下りは難しいところだ。

東の山中牧場へと戻るのだが、巡視路ではなく、大浦越という昔の峠道まで進んでから廃道を辿った。峠道は荒れてはいたが石垣などが残り、昔はかなり使われていた道であることを思わせた。大浦から山中へと繋ぐ道で、大浦が港として塩津と張り合っていた名残であろう。それぞれの峠道には港があり、問屋があり、盛衰が繰り返されてきたのだ。

途中で巡視路と出合ってその道を下ったのだが、あまりいい道ではなく、牧場への手前で見失い、荒涼とした草を分けてやっと山中牧場の手前の車道へと出た。六〇〇《メートル》余りの山とは思えない手応えだったが、最後に昔の峠越えが確認できたことが収穫だった。車へと戻るにはさらに巡視路をもうひと山越す尾根越えが残されていた。

登山メモ

●登山者はほとんどないようだが、県境稜線の南側を横断している送電線の巡視路から、県境稜線に道がある。この巡視路を使えば、一六一号線からも大浦側の山中牧場の手前からもほとんど藪漕ぎなしに登れるが、下りに使った大浦側の巡視路はあまり手入れがされなく、わかりにくかった。

●登山の山として魅力に欠けるので、山門湿原と組み合わせて登るのがいいが、続けて歩こうとすると、ルートの取り方が難しい。山門湿原はミツガシワなどの花の季節や紅葉期がいいが、車道から近いだけに雪の季節にも歩いてみたいところだ。

●山門湿原の登り口にはトイレがあり、駐車場の工事もされている。

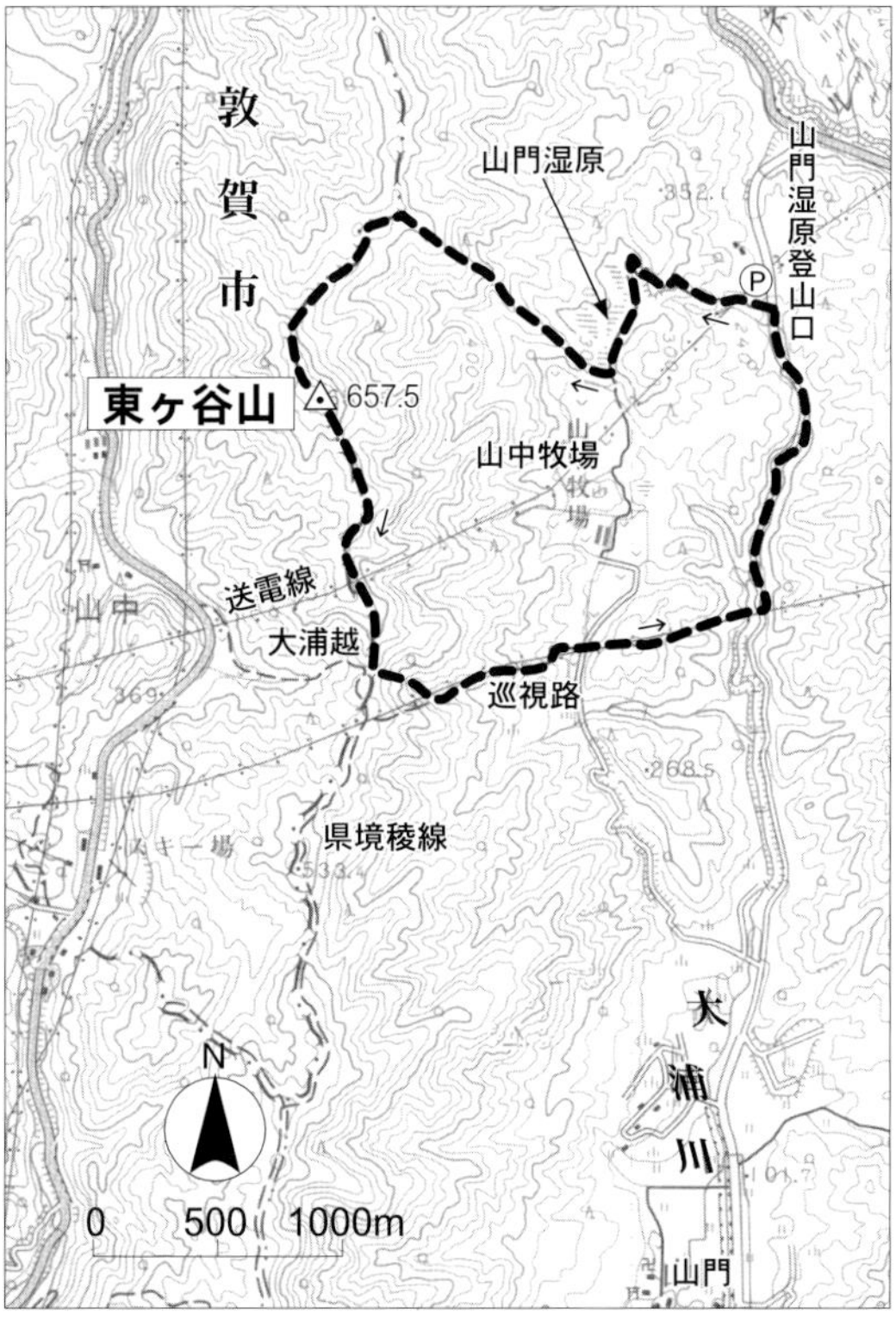

大峰《おおみね》

△四七〇・一m
MAP　竹生島

コースタイム●菅浦（1時間15分）大峰権現山（50分）

写真
1　大峰への登りからみた月出半島と竹生島。
2　菅浦と背後に聳える大峰。
3　紅葉の中、緑の竹のトンネル、奥に佇む小祠。

1

2

琵琶湖の最北端、かくれ里、菅浦の上の山

大峰は琵琶湖の最北端、葛籠《つづら》尾崎の付け根の菅浦集落の上にある。菅浦は迫り立つ周囲の山と湖水に囲まれ、孤立した地形の中にある。

菅浦は中世には隣村大浦との境界の土地の支配を巡って、流血の惨事をも引き起こす、激烈な争いが二百年間も続いた土地でもある。そのため地形的な閉鎖性とともに、長年の争いにより村の結束と自主運営が保たれた土地として知られている。須賀神社の参道登り口の横には、四足門という門が残されている。四足門は菅浦の領地の出入り口であり、領地の出入りの厳しさや自主運営された活動の象徴となるものであったのだろう。

山門領となっていた菅浦には、鎌倉時代から明治に至るまでの古文書が、氏神の須賀神社に保管されているのが発見され、菅浦文書として歴史の上でも貴重な資料とされている。

須賀神社から登山道へ

登山の前に参道横の大峰への登山口の奥、須賀神社

3

本殿の階段の下まで行ってみた。そこには白州正子の『かくれ里』に書かれていた通り、今も本殿へは裸足で登るようになっていた。土足禁止の石碑が建てられていて、スリッパを入れたちいさな箱が置かれていた。

　登山道は植林と竹林の間に、暗い急な道が続いていた。パークウエーの車道に出ると琵琶湖が開け、左から葛籠尾崎への半島が延び、その先端に竹生島が半身を隠して浮かんでいる。パークウエーに沿って桜並木が植えられているので、桜の季節には見事な琵琶湖の眺めとなることだろう。

　道は車道に少し並行して歩いてから車道を渡り、斜面に取り付いている。ここにも太い孟宗竹の林が続き、三メートルほどに削られた広い道がゆっくりと斜めに登り、大きく切り返して行く。菅浦は滋賀県の北部にありながらミカンの栽培でも知られており、雪があまり降らない暖かい地で、この竹林はその気候を物語っていた。

しかし歩く人もあまりいないようで、木が倒れ込んだり、石が転がっていたりと、整備もされていない。この道は琵琶湖の北の湖岸を取り巻いている湖の辺の道として整備されているもので、しっかりとメンテンスをすれば素晴らしい道なのに、残念ながら情けない有様となっている。賤ヶ岳から山本山への尾根道も湖の辺の道となっているが、こんなに眺望がよく気持ちのいい道はなかった。しかしここ菅浦の道は歩く人もいないのか、宝の持ち腐れとなっている。奥琵琶湖パークウエーという自動車道があるのだが、湖の辺の道はまったく別の概念の道であり、それを理解して歩く人がほとんどいないというのは残念なことだ。中高年登山だとか百名山ブームだとか騒がれているのに、ここではまったく別の世界の出来事のようである。山が低いせいだろうか、ドライブウエーが走っているからだろうか、ガイドブックに載っていないからだろうか。桜が美しく、紅葉が鮮やかで、琵琶湖の眺望も素晴らしい。なのに歩く人はほとんどいないという状態だ。中高年登山ブームというものの底の浅さが見えてくる。

再び車道に出合ったところで、左に尾根を登って行く。かなり急登となり、またまた竹林の間を抜け、石仏を祀った祠のある尾根の肩に着く。ここは大峰へと延び上がる尾根の付け根で、頂上への道はない。遊歩道は月出休憩所へと右に湖面を見下ろす山腹道が続いている。道もうまく付けられている。ただ、菅浦は車以外ではなかなかこれないところであり、月出休憩所まで歩くとまた戻ってこなくてはならない。菅浦という孤立した地形を考慮に入れて、周回する道が造ってあればと思う。

山頂への尾根をゆく

山頂への尾根には道がないが、藪もそんなにひどくない。頂上らしきところまで登り着いたが、三角点が見つからない。少し下ってからもう一つ先のピークまで進んでみた。しんと静まった尾根を歩いていると、さっき見かけたクマに注意という看板を思い出した。藪を分けてうろうろとしていると、ガサガサとケモノが歩く音がしてビクッとした。シカならピューという警戒音を発するし、もっと足早に動く。イノシシだろうか、それともクマか。いずれにしても気味が悪いので、叫び声を出してこちらの存在を知らせた。元のピークに戻りもう一度探してみると小さな標石を発見した。四等三角点であった。

下りは速かった。もう少し歩きたかったが月出休憩所までは遠く、それ以外では道がなく残念ながら戻ることにした。葛籠尾崎の半島の先まで歩いてみたいが、藪を漕ぐ気もなく、それにパークウエーは歩行禁止なので仕方がない。

菅浦まで下り集落の中を見て歩き、湖岸にある葛籠尾崎休憩所まで往復した。小さくうち寄せる波の音を聞きながら歩くのは、いつもと違う雰囲気があった。これもまたいいものだと思いながら、波打ち際の歩道を歩いた。

登山メモ

●入り組んだ半島の先端近くにあり、車での登山となる。菅浦の集落の入り口に駐車場、トイレがある。

●琵琶湖の中北部の湖岸には、湖の辺の道として遊歩道が整備され、月出から菅浦にも道が続いているが、歩く人は少なく荒れている。かなり幅の広い道なので歩くには問題ない。

●湖の辺の道は、菅浦から尾根を登り切った大峰の肩を通って月出休憩所へと続いているので、この肩から尾根通しに登れる。藪もひどくなく、道がなくても歩ける。

●奥琵琶湖パークウエーには桜が植えてあり、海津大崎にも近いので桜の季節がベストシーズンとなる。比較的雑木林も多く、紅葉期の彩りも見事。

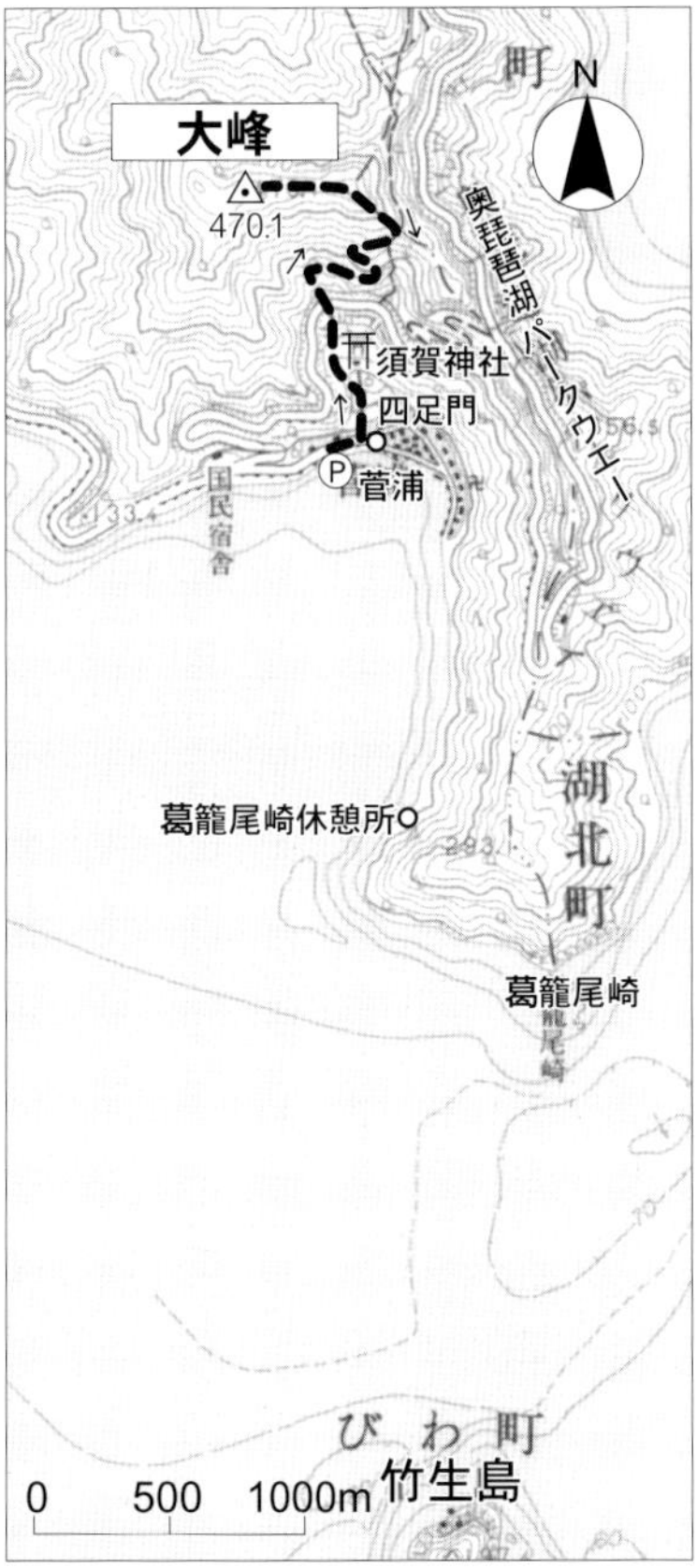

東山《ひがしやま》

△五九四・八m
MAP　海津

コースタイム●海津（35分）大崎寺（1時間5分）東山（2時間10分）万路越（45分）

写真
1　東山への登りの途中、明るい雑木林が広がった。
2　やっと琵琶湖を望めるポイントがあった。
3　小さく波が打ち返す海津湖畔から望む春の東山。

1

2

琵琶湖に突き出した湖上の山

琵琶湖の北には二つの半島が突き出している。比較的単純で穏やかな地形を有している琵琶湖だが、この付近だけは山が峙《そばだ》ち、平地らしい平地を作ることなく、山地から直接急角度に切れ落ちている。

その一つである海津大崎を突き出した半島は、東山を中心とした卵のような楕円形の山地の半身を琵琶湖に沈めており、琵琶湖に突き出た突端の海津大崎は、風光明媚な桜の名所として知られている。

琵琶湖に突き出す地形と六〇〇㍍近い標高を持つ東山は、もっと多くの人に目を付けられてもいいと思っているのだが、不思議なことに登山の山としての対象とはほとんどなっていないのである。同じ湖辺のハイキングコースとして整備されている、賤ヶ岳から山本山までの尾根を歩いてみれば、琵琶湖を眼下に置く山稜の素晴らしさというのは、すぐに理解できる。もう少し歩かれてもいいのではと思っている。

東山を初めて歩いてから二十年以上の時をおいて、再び歩いてみたのだが、当時は伐採されてすぐの丸裸状態だった山稜からは、琵琶湖の眺望が素晴らしく、

3

その風景が脳裏に残っていた。しかし、当然木々は大きく成長しており、木々の間からわずかに琵琶湖が望めるだけで、以前のような眺望はまったく見ることができなかった。

それとこの山の良さというのは、山から直接琵琶湖の波打ち際に下りるということだった。こんな山は他にはあまりない。湖岸に下りて海津の街まで歩いたのだが、ちょうど日没時で、琵琶湖から見た夕陽も強烈な印象として残った。

また、海津大崎は桜の名所としても知られており、桜の時期と重ねれば一層楽しみが増える山となる。今回は周辺の桜を見物して最後は登山口の海津大崎の桜並木の湖岸を歩いて大崎寺から登り出した。

大崎寺の本堂にお参りして遊歩道から東山へ

大崎寺の参道を登り本堂にお参りしてから遊歩道を進んだ。遊歩道は大崎の先端から湖岸に下りるように作られており、琵琶湖の眺めが楽しめる。

東山へはこの道の途中に古い道跡を見つけたのでそれを辿った。かすかな踏み跡が残されており、途中の多くの松の木には松ヤニ採取のための傷が残され、古い炭焼きの窯跡が見られた。斜面は急な登りが続き、ツバキなどの照葉樹林に覆われている。斜面一帯がほとんど伐採されていないのは大崎寺の山林となっているのだろうか。動物も多く、以前にはシカやサルを見たし、今回はリスとイノシシと出会った。イノシシは寝ていて気づかなかったのか、目の前で突然飛び出して驚かされた。

　斜面から明瞭な尾根に乗ると、やがて雑木林が開けてきた。下生えも少なく気持ちのいいところだ。四八三メートルの少し上あたりだろうか。ぽつぽつと続いていた小雨もどうやら上がってくれたので、この林の中で昼にした。斜面には芽を出したばかりのヤブレガサが広がっていた。

　しかしこんな雑木林も続かず、やがて片側が植林帯と変わった。左からは植林時の道なのか、しっかりとした道が登ってきている。

　約六二〇メートルのピークに出たところで、前にやっと東山のピークが見えた。標高八五メートルの湖面からなので、思ったよりも登りごたえのある頂上だった。植林の中を回り込むように進んで頂上に着いた。頂上は展望はなく、藪の中のさえないピークだ。

　万路越までの尾根は、だらだらと小さな上り下りを繰り返し、伐った後放りっぱなしにされたような灌木帯と植林地が続いた。右に見えるはずの琵琶湖の眺望も、灌木に邪魔されて大きく開ける所は一つもない。

　次の五六六メートルピークに反射板があり、右へ緩やかに下ったコルから、登り返してピークに着く。ここで踏み跡にだまされて西への大きな尾根を下りかけたが、すぐに気づいて方向修正。大体稜線の西側に沿って歩くのが分かりやすいようだった。

　まだ峠まではだらだらと長く続いたが、コースとしては以前歩いた、峠から海津大崎へと歩く方が、気分的にも楽しいように思う。

　終始藪気味の尾根だったが、最後にいい道に飛び出した。峠付近を越えている、送電線の巡視路だった。右へ下りかけたが、送電線が真上にあったので大浦側へと下っているのに気づいて戻り、万路越の峠に出た。

　峠は少し様子が変わっていた。峠から一〇メートルほど下を林道が横断していたし、祠の背後の大樹が枯れて無惨な姿をさらしていた。

　昔のような峠道と峠の風景には、出会えなくなってしまった。

登山メモ

●海津大崎の半島上の山。以前は琵琶湖の眺望が素晴らしかったのだが、近年、植林の木が大きくなって、ほとんど眺望がきかなくなった。頂上も雑木と植林地の境の地味な山。

●海津大崎といえば桜で有名。海津大崎や清水の桜があり、桜と合わせて登るのがいい。

●海津大崎の大崎寺から昔の道がかすかに続いているが、あまりしっかりとしたものではない。半島縦断では、琵琶湖へと延びる尾根がどれも明瞭なものではなく、下りのルートファインディングが難しいので、海津大崎側からの方が歩きやすいだろう。

●桜のシーズンでは休日は車も混むので、ＪＲ湖西線が便利。

祠の背後の大木も枯れ始め、寂しさが漂っていた。

仲《ちゅう》仙《せん》寺《じ》山《やま》

△三八八・五m
MAP 海津

コースタイム●上開田（50分）浦（40分）仲仙寺（20分）坂の下

写真
1 仲仙寺越の登り口、坂の下のカンジョウツリ。
2 仲仙寺への参道が峠道となっている。
3 泰澄作という千手観音像を祀る山上の小さなお堂・仲仙寺。ひっそりとした雪のお堂には誰の足跡もなかった。

1

2

山上にお堂のある泰澄ゆかりの山

たった一枚の地形図には無尽蔵の情報が埋もれていることを実感する。それも埋もれているいう言葉がぴったりとあてはまるような表現しかされておらず、見る人によっては読みとり方が大いに違ってくるのである。

例えば、地形図に描かれている等高線を見ているだけでも、さまざまな山の様子が想像できる。ここには滝が続いてそうだとか、池か何かがあるのだろうかと、等高線を目で追っていくだけでも楽しくなってくる。それが実際その場に行ってみるとまったく違っていたり、また逆に、思ったとおりに滝や池があったりすることもある。そんなときには、してやったりという気分になり、顔の筋肉もゆるんでくる。

今ここで書いてみたいものは、もっと単純なことで、記されている記号を丹念に見るというだけのことである。地図ではその表現上、家や田んぼ、果樹園、学校、神社など、さまざまなものを記号で図上に示している。

そんな記号で私が気になっていたのは、山上、山中にあるお寺の記号である。私の住む滋賀周辺の山では、

3

山上や山中に寺院のある山は多い。近いところでは太神山の不動寺や金勝アルプスの金勝寺、比叡山の山上伽藍群などがあり、どのお寺も古い歴史を持って、今日まで営々と引き継がれてきている。

山上でなくても山腹、山麓でもよいのであって、そんな山寺の雰囲気を持つ一角が好きなのである。図上には寺院の記号はあっても、よほど有名なお寺でない限り、名称は入れられていない。そんな興味を持って見つけたのがこのお寺であった。

琵琶湖北西岸海津の町の背後に四〇〇メートルあまりの山を最高にした、小さな山塊がある。ぐるりを知内川によって囲まれた本当に小さな山のブロックである。その北端の三八八・五メートルの三角点が仲仙寺山で、南側が少しくびれて東西の小さな谷に峠道が越えており、仲仙寺越と呼ばれている。東側の集落が上開田、西側が浦という集落で、仲仙寺への道は浦の集落から登っている。

とにかく一度そのお寺を見てみたくなり、何も調べることもせず仲仙寺越と仲仙寺を歩いてみた。

浦側から登る

何しろ小さな山なので、道さえ分かれば簡単に登れる山である。まず浦から仲仙寺越を歩いてみたが、もう車道が越えていた。峠の上で軽トラを停めていたおじいさんから仲仙寺への道を聞くと、浦側からのようなので、もう一度浦へ下った。

道は集落の裏手から登っていた。道にはたけのこの皮が散らばっていたが、どうやらサルの仕業らしい。浅く広がる谷状のところから尾根に上がると、掘り込まれた道が続き、最後はいかにも参道のような杉木立の間の道となって、右に急な石段を登るとお堂があった。思ったよりも小さなお堂だったが、周辺は山上の寺院の雰囲気があり、広く整地されていたので、以前はもっと大きなお寺だったのかも知れない。

帰ってから仲仙寺のことを調べてみると、奈良時代に開創された非常に歴史あるお寺で、ご本尊は泰澄作の千手観音像であることがわかった。この千手観音は明治四二年に国宝に指定されている。湖北には泰澄作と伝える観音像や泰澄開基の寺院が多いが、白山信仰の広がりが及んでいたのであろう。湖北の山々からは遙か白山の純白の姿を望むことができるということが、単純に考えれば、白山信仰の広がりと重ね合わせられるのではないだろうか。

シカの群れとの出会い

二度目の仲仙寺は冬に訪れた。雪道を踏みながら登ると、シカの群れとの出会いがあった。それもわずか二《メートル》ほどの至近距離であり、お互いの驚きぶりはご想像いただけると思うが、冷静さにおいてはシカの方が遙かに上だったようだ。至近距離で出会うまでに、私の方はシカの群れが近づいていることに気づいていたのだが、シカの方は突然の出会いで目が合った瞬間まで、まったく気づかなかったはずだ。それなのにシカは一気に飛び去ったが、私はカメラを手にしたまま呆然と立ちつくすだけだった。

下りは浦へ下りずに、左へ回り込むように坂の下へと下って行くと、道の入り口には〝かんじょうつり〟が吊されていた。注連縄のようによった縄の中央には、「十一面千手観世音菩薩」と墨書きされた木札がぶら下がり風に揺れていた。

ここまで下りてきてこの山の頂上に登っていないこ

とに気が付いた。頂上には三角点もあり登るつもりでいたのだが、シカとのあんな強烈な出会いがあり、ずっとぼんやりとしたまま下まで下りてしまったようだ。

登山メモ

●仲仙寺越は林道が越えている。

●仲仙寺山頂上付近に仲仙寺があり、泰澄作の千手観音像が祀られている。林道の峠からや上開田側からも道があるようだが、歩いていないので不明。浦側は浦へと下る途中で分かれて、坂の下へも道が下っている。

●どこから登ってもたいした登りではなく、半日程度の道のりなので、時間が余れば万路越へと回れば一日の山歩きとして楽しめる。

仲仙寺越を下り浦から江若国境を見上げる。

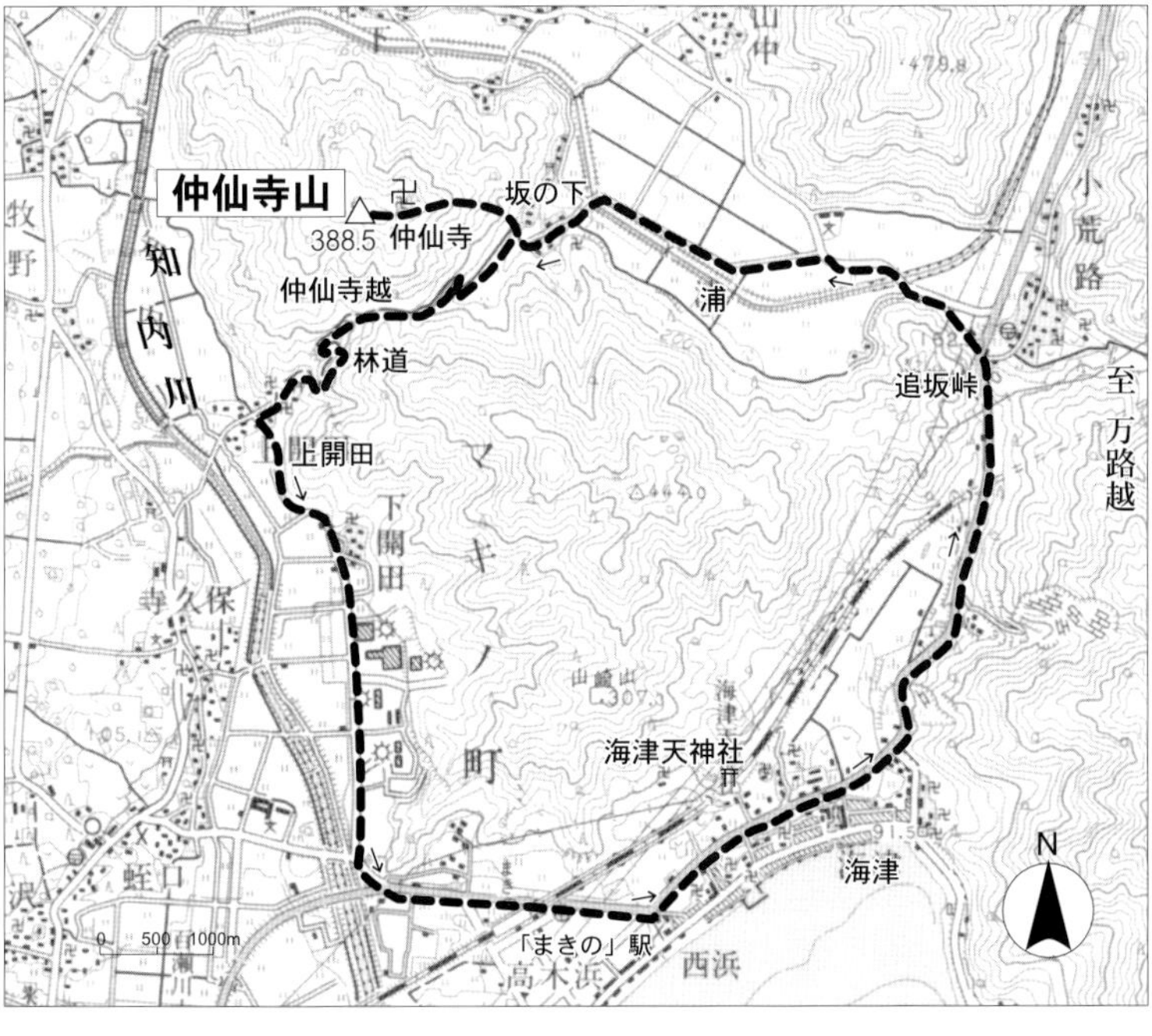

あとがき

湖西の山歩きは、まだ現在も進行中であり、私の中には新たな記憶が次々と刻まれている。進行中のある一定の日までが、ここに収められているにすぎず、一応一通りの山を歩いただけで、まだほんの序章と言えるのかもしれない。

内容はいつものとおり、主な山を紀行として書いたもので、案内としては不行き届きなものとなるかもしれないが、カラー写真も多く入れているので、雰囲気はわかっていただけるものと思う。

この地域は、山登りを始めた頃からよく歩いていた山々で、以前に一度以上歩いている山が多い。それが最近また、一通り歩きなおしたのだが、そのきっかけの一つが、昔読んだ北山クラブの会報やレポート集であった。会報を見ていると、この周辺の山々の山行が実に多く、故小松誠氏や伊藤久雄氏などの記録の数々は、この周辺の山々へとかける意気込みが強く感じられるものだった。

今回、湖西の山々を歩いている間に、北山クラブの会報を友人より借り、昔のものをざっと読み直してみると、会員の方々の思い入れが私にも伝わり、ますます感情移入されて行ったようだ。そうした思いが文章へと伝わり、写真へと映し出されればいいのだが、いつものことながら、歩くことばかりが先行して、なかなか思いどおりにはいかなかった。

山行中、カメラはいつでも胸元にある。私の山の写真は美しい風景写真としてではなく、どんどん歩き回って、出会って目についたものを写しとめるようにしており、人工物も人物も、気にせずそのフレームの中に入れていく。ペン代わりでもあり、自身の心情を写しとめるよう心掛けている。それが読者の皆さまにわずかでも伝わったなら、本書への思いを果たしたことになるが、さて、いかがなものだろうか。楽しくもあり、恐くもあるが、それが本づくりの最も愉しみなところだろうか。

山行きのほとんどを壇上俊雄氏におつき合いいただき、大変心強いものでした。ありがとうございました。

そして、いつものように私の山への思いを受けとめていただいた、ナカニシヤ出版社長・中西健夫氏には感謝いたしております。また、編集においては林達三氏には適切なご助言をいただき、スムーズに進めることができました。ありがとうございました。

二〇〇四年　早春　　　草川　啓三

◎著者紹介
草川　啓三（くさがわ　けいぞう）

1948年　京都市に生まれる。
1968年　山登りを始める。
1975年　京都山の会に入会，現在に至る。
20歳の時，鈴鹿霊仙山へ登ったのがきっかけで登山を始める。
以後，滋賀，京都の山を中心に歩き続けている。

著書　『近江の山』（京都山の会出版局）
『近江の山を歩く』（ナカニシヤ出版）
『鈴鹿の山を歩く』（ナカニシヤ出版）
『近江の峠』（青山舎）
『芦生の森を歩く』（青山舎）
『芦生の森案内』（青山舎）
『山と高原地図／御在所・霊仙・伊吹』（昭文社）
ほか共著多数

住所　〒525-0066
滋賀県草津市矢橋町1475

近江　湖西の山を歩く

2004年6月7日　初版第1刷発行

定価はカバーに
表示してあります

著　者　草　川　啓　三

発行者　中　西　健　夫

発行所　株式会社ナカニシヤ出版

〒606-8316 京都市左京区吉田二本松町2番地
電　話　075-751-1211
FAX　075-751-2665
振替口座　01030-0-13128
URL　http://www.nakanishiya.co.jp/
E-mail　iihon-ippai@nakanishiya.co.jp

印刷・製本　ファインワークス／装幀・地図　竹内康之
ISBN4-88848-883-5　C0025

好評発売中

近江の山を歩く　草川啓三著　2100円

夕暮れの山頂、変幻の谷、峠の廃村、山寺の秋。湖国の山を登り続ける著者が、珠玉の紀行文と趣きあるカラー写真とで50の山を季節を追いながら綴る。

鈴鹿の山を歩く　草川啓三著　2625円

昭文社の地図「鈴鹿山系」の著者が鈴鹿の全貌を語る。内容は「鈴鹿山系全山（約80山）概説」「鈴鹿山系アドヴァンスコース20」「カラー写真で綴るフォト&エッセイ32」「鈴鹿—見る・歩く・聞く」から構成された力作。

鈴鹿の山と谷（全6巻）　西尾寿一著　3262〜3990円

二次林に覆われた静かな山道、佇しき山村、清冽な谷、忘れられた峠、そして清々しい山頂。著者が長年にわたり歩いて調査した鈴鹿山系の詳細な山岳研究の大書。

近江　湖北の山　山本武人著　2100円

伊吹山・金糞岳・賤ヶ岳・小谷山・三国ヶ岳・七七頭ヶ岳・横山岳など伊吹山以北の湖北32の山々。渓、峠を訪ね歩いたグラフィックガイド。

近江　朽木《くつき》の山　山本武人著　2039円

琵琶湖の西北、安曇川の上流に朽木村がある。美しい樹林と渓谷をもつ山々の中から約20山を選び、その登山コースをガイドする。地図・写真多数。

京都滋賀南部の山　内田嘉弘著　2100円

木津川と野洲川に囲まれた山城・湖南・信楽の67山は、寺社や史跡も多く、歴史に想いをはせながら登る中高年の山行に絶好のフィールド。

ナカニシヤ出版

表示の価格は5％税込みです